Stimmen der Erde

Ureinwohner über Umwelt und Entwicklung

Die Deutsche Bibliothek – CIP-Einheitsaufnahme
Stimmen der Erde: Ureinwohner über Umwelt und Entwicklung = Story Earth
Hrsg.: Big Mountain Aktionsgruppe e.V.
Aus dem Englischen von Monika Seiller und Dionys Zink
– München : Raben Verlag, 1993
NE: Big Mountain Aktionsgruppe; PT

1. Auflage August 1993

First published by In de Kipscheer/Bridges Books, Amsterdam 1992
"Sie sind friedlich und nur auf der Durchreise": First Published in »When the World Was New« ©George Blondin, 1990, published by Outcrop Ltd., Yellowknife, N.W.T., Canada

ISBN 3-922696-37-6
Satz: Monika Seiller
Druck und Bindung: Clausen & Bosse, Leck
Umschlag: Bernd Haak, München

Dieses Buch wurde auf chlorfrei gebleichtem Papier gedruckt

Big Mountain Aktionsgruppe e.V. (Hg.)

Stimmen der Erde

Ureinwohner über Umwelt und Entwicklung

Herausgegeben in Zusammenarbeit mit der
Stiftung Umverteilen

Aus dem Englischen
von Monika Seiller und Dionys Zink

RABEN VERLAG

Allen, die zum Gelingen dieses Buches beitrugen, sei unser herzlicher Dank ausgesprochen, namentlich den beiden Stiftungen "Umverteilen!" und "ABP", ohne deren finanzielle Unterstützung dieses Projekt nicht möglich gewesen wäre.

Die Herausgeber

Die dunkelgefärbten Gebiete markieren die Herkunftsländer der in diesem Buch vorgestellten Autoren. Die Osterinsel ist durch einen Kreis gekennzeichnet.

Inhalt

Vorwort

Indigene, Ureinwohner, Naturvölker, Eingeborene – schon die Festlegung auf eine Bezeichnung erscheint oft schwierig, denn meist sind diese Begriffe mit bestimmten Vorstellungen, Klischees oder Erwartungen verknüpft. Umso schwieriger fällt einem Mitteleuropäer die Annäherung an deren Kultur, Lebensweise und Weltbild, obwohl wir doch häufig zu wissen glauben, was sich hinter diesem Bild verbirgt.

Der vorliegende Band versammelt Stimmen der Erde, Vertreter der Ureinwohnervölker, die ihre Sicht der Welt darlegen, wie sie diese seit Jahrhunderten oder gar Jahrtausenden bewahrten. In ihren Aussagen beziehen sie Stellung gegen Umweltzerstörung und falsch konzipierte Entwicklungspolitik. Wir wollen mit diesem Buch jedoch keinen Beitrag zu einer inzwischen gewachsenen Sammlung von Literatur über Ureinwohner leisten, die diese nur wiederum als Exotikum präsentiert – ein Häppchen Indianer hier, ein Häppchen Aborigine dort. Auch wollen wir kein paradiesisches Bild verklärter Natur längst vergangener Zeiten heraufbeschwören. Das Leben in und mit der Natur ist kein romantisches Klischee, sondern ein Konzept, welches die Ureinwohner prägt und unserer Lebensweise entgegensteht.

Im ausgehenden 20. Jahrhundert sehen wir das Ergebnis des Zusammenpralls dieser zwei Konzepte. Neben dem ökologischen Gleichgewicht sind auch ganze Gesellschaftssysteme aus den Fugen geraten. Die ökologischen Katastrophen sind das Ergebnis einer Weltwirtschaft, die ihre Eigengesetzlichkeiten auch denen aufzwingt, die gar nicht danach gefragt wurden, ob und wie sie an ihr teilnehmen wollten.

Ureinwohnergesellschaften unterscheiden sich von westlich-europäisch geprägten Gesellschaften vor allem im Hinblick auf ihre Beziehung zum Land und der natürlichen Umwelt, die dieses Land darstellt. Sie paßten sich manchmal über Jahrtausende an die Umwelt an und gehen mit ihr eine Symbiose ein, so daß man heute sagen kann, sie seien »Ökosystem-Menschen«. Ihre vielfältigen Formen traditioneller Lebensweise – Sammeln, Jagen, Viehzucht und Ackerbau zur Selbstversorgung – stellen die konkrete Ausprägung dieser Symbiose dar.

Aus der Vielfalt der Gene, der Arten und der Ökosysteme leitet sich der Begriff der *Bio-Diversity* ab, ein Terminus, der im Deutschen mit Artenvielfalt nur unzulänglich wiedergegeben werden kann. Auf der Grundlage der *Bio-Diversity* ihrer Lebensräume entwickelten die Ureinwohnervölker einen grossen Reichtum an Überlebensstrategien, die in ihrer Gesamtheit als die kulturelle Vielfalt (*Cultural Diversity*) verstanden wird.

Traditionelle Lebensstile der Ökosystem-Menschen sind darum bemüht, die Grundlagen ihrer Entstehung und Existenz zu bewahren.

Im Gegensatz zu den Ökosystem-Menschen sind die Bewohner der industrialisierten, staatenbildenden Nationen und viele Eliten der Völker in der sogenannten unterenwickelten Welt »Biosphären-Menschen«. Ihr wesentliches Kennzeichen besteht in fortgesetzten Anstrengungen, alle Ökosyteme und damit die Biosphäre insgesamt ihren Bedürfnissen und ihrem Gewinnstreben dienstbar zu machen. Welche Auswirkungen diese Ausbeutung hat, ist hinlänglich bekannt. Nicht bekannt ist jedoch, daß manches, was als scheinbar begrüssenswerter Umweltschutz und Entwicklungspolitik daherkommt, für die sozialen Strukturen ähnlich katastrophale Auswirkungen hat, wie die Zerstörung der Umwelt selbst.

Viele Angehörige der Ökosystem-Völker wären sehr erstaunt, würde man sie als Umweltschützer bezeichnen. Einerseits ist die Vorstellung einer Umwelt, die, vom Menschen getrennt, zu erforschen und zu schützen wäre, eine Erfindung der westlichen Welt. Zum anderen sind nicht wenige Anführer der Ureinwohner durch die scheinbar unbegrenzte Macht und den Überfluß der europäischen Zivilisationen korrumpiert worden. Damit entfernten sie sich von dem Wertefundament ihrer Gesellschaften, das die Existenz von Ökosystemen mit ihren Menschen über lange Zeit sichern half.

In der Spanne eines menschlichen Lebens erreichte der zerstörerische Einfluß auch die »letzten Paradiese« der Erde. Zugleich entstand aus der Begegnung mit den europäischen Zivilisationen und auch den anderen Opfern ein neues politisches Selbstbewußtsein der Ureinwohner, in dessen Zentrum die traditionellen Werte ihrer Gesellschaften stehen.

Es sind die Wertvorstellungen der indigenen Gesellschaften, die entscheidend zu einem veränderten Verhalten unserer Gesellschaft beitragen können. Der zeitliche Spielraum, in dem sich das Denken der Menschen in den westlichen Industriegesellschaften ändern muß, ist sehr eng. Die internationalen, zwischenstaatlichen Abmachungen, geschlossen von Regierungen der Nationalstaaten, werden nicht ausreichen, um der Zerstörung der Erde Einhalt zu gebieten. In Europa sind es die lokalen und regionalen Initiativen, die den Umweltschutzgedanken mit Nachdruck auf die politische Tagesordnung zwangen.

Eine der Vorstellungen der Umweltschutzbewegung war die vom gleichzeitigen globalen Denken und lokalen Handeln. In einer vernetzten Welt jedoch hat lokales Handeln zwangsläufig globale Auswirkungen. Wollen die umweltbewußten Menschen der industrialisierten Welt ihren Teil der Verantwortung übernehmen, werden sie auch die Auswirkungen auf diejenigen in Betracht ziehen müssen, die die Folgen dieses Handelns zu tragen haben. Weltweite interregionale Bündnisse müssen die internationalen, staatlichen und lokalen Anstrengungen ergänzen. Beispiele für eine solche Zusammenarbeit gibt es bereits. Um den Schutz der Regenwälder bemühen sich weltweit lokale und regionale Gruppen in Zusammenarbeit mit den Ureinwohnern. Australische Aborigines und nordamerikanische Indianer, Bewohner des Pazifik und der kasachischen Steppe versuchen gemeinsam, sich gegen Uranabbau und Atomtests zur Wehr zu setzen. Nur in einer Zusammenarbeit kann die Zukunft liegen. Dabei reicht es nicht, daß die Welthandelsnationen noch mehr von dem exportieren, was sie Fortschritt nennen, und damit noch ein weiteres Mal Profite erzielen. Den wahren Preis dieses Fortschritts bezahlen weder der umweltbewußte Alternativreisende im Himalaya noch der Großgrundbesitzer in Nairobi, sondern noch immer diejenigen, denen das Land in Wahrheit gehört und die sich als zum Land gehörig betrachten.

Stimmen der Erde versammelt Geschichten, Reden und Berichte vom Überlebenskampf der Ureinwohner. Mehr oder weniger gemeinsam ist den Texten der Zorn und die Verzweiflung über die sogenannte Erste Welt. Geographisch betrachtet repräsentieren die Texte nur einen Ausschnitt. Sie machen jedoch deutlich, daß die Schubladen »Nord-Süd«, »Dritte Welt« oder »Entwicklungsländer« keine angemessenen Beschreibungen für die Situation dieser Völker bieten.

Die Ökosystem-Menschen bitten uns um Hilfe und Zusammenarbeit. Sie sollte darin bestehen, auch die Gesellschaften, die über Jahrtausende einen verantwortungsvollen Umgang mit der Schöpfung bewiesen haben, gegen die Interessen derer zu verteidigen, denen der materielle Gewinn zur einzigen Begründung und zum einzigen Ziel ihres Handelns geworden ist. In unserem eigenen Interesse sollten wir auf die Stimmen der Erde hören, bevor unsere Raffgier sie endgültig zum Verstummen bringt.

Big Mountain Aktionsgruppe e.V.

Der Kreis ist das Konzept

von Joseph Bruchac

(Abenaki/USA)

Joseph Bruchac ist ein Geschichtenerzähler und Schriftsteller von englischer, slowakischer und Abenaki-Herkunft. Er ist ein offizielles Mitglied (Band Nr. 3312) der Abenaki-Nation in Vermont. Die Abenaki-Nation ist von der US-Regierung bislang nicht anerkannt. Die Regierung der Vereinigten Staaten wird von der Abenaki-Nation nicht anerkannt.

Waudjoset nudatlokugan bizwakamigwi alnable.

Meine Geschichte war draußen und lief umher wie ein Jäger in der Wildnis. *Wawigit nudatlokugan.* Hier lebt meine Geschichte. *Nudatlokugan Gluskabe.* Es ist eine Erzählung über Gluskabe.

Eines Tages begab sich Gluskabe auf die Jagd. Er versuchte in den Wäldern zu jagen, doch kein Tier ließ sich blicken. Jagd ist ein langsames Geschäft, dachte er und kehrte zu seinem Wigwam zurück, in dem er mit seiner Großmutter Woodchuck (Waldmurmeltier) lebte. Er legte sich auf das Bett und begann zu singen:

Ich wünschte, ich hätte einen Jagdbeutel
Ich wünschte, ich hätte einen Jagdbeutel
Ich wünschte, ich hätte einen Jagdbeutel
Um die Jagd zu erleichtern

Er sang und sang, bis seine Großmutter es nicht länger aushielt. Sie fertigte ihm einen Jagdbeutel aus Hirschhaar und warf ihn hinüber zu ihm. Doch er hörte nicht auf zu singen:

Ich wünschte, ich hätte einen Jagdbeutel
Ich wünschte, ich hätte einen Jagdbeutel
Ich wünschte, ich hätte einen Jagdbeutel
Um die Jagd zu erleichtern

So machte sie ihm einen Beutel aus Karibuhaar. Sie warf ihn hinüber zu ihm, doch er sang weiter:

Ich wünschte, ich hätte einen Jagdbeutel
Ich wünschte, ich hätte einen Jagdbeutel
Ich wünschte, ich hätte einen Jagdbeutel
Um die Jagd zu erleichtern

Sie machte ihm einen Beutel aus Elchhaar, doch Gluskabe ignorierte diesen ebenso. Er sang:

Ich wünschte, ich hätte einen Jagdbeutel
Ich wünschte, ich hätte einen Jagdbeutel

Ich wünschte, ich hätte einen Jagdbeutel
Aus Woodchuck-Haar

Da riß sich Großmutter Woodchuck Haare von ihrem Bauch und fertigte ihm einen Jagdbeutel. Gluskabe setzte sich auf und beendete seinen Gesang. *»Oleohneh, nohkemes«*, sagte er. »Danke, Großmutter.«

Er ging in den Wald und rief die Tiere. »Kommt«, sagte er. »Die Welt geht ihrem Untergang entgegen, und ihr werdet alle sterben. Kommt in meinen Jagdbeutel und ihr werdet das Ende der Welt nicht sehen.«

Da kamen alle Tiere aus dem Wald und schlüpften in seinen Jagdbeutel. Er trug ihn zum Wigwam seiner Großmutter und sagte, »Großmutter, ich habe dir Jagdwild mitgebracht. Nun ist die harte Zeit des Jagens vorüber.«

Großmutter Woodchuck sah all die Tiere im Beutel. »Du hast nicht recht getan, Enkel«, sagte sie. »In Zukunft werden unsere Kleinen und die Kinder unserer Kinder an Hunger sterben. Du darfst das nicht tun. Du mußt tun, was unseren Kindeskindern nützt.«

So ging Gluskabe mit seinem Beutel in den Wald zurück. Er öffnete ihn und sagte: »Geht, die Gefahr ist vorüber.« Da kamen die Tiere aus seinem Beutel und zerstreuten sich im ganzen Wald. *Nedali medabegazu.*

Hier endet meine Geschichte.

Die Geschichte von Gluskabe wurde viele Male erzählt. Eine Version, ähnlich dieser, wurde dem Anthropologen Frank Speck 1918 von einem älteren Penobscot namens Newell Lion erzählt.

Diese und andere Gluskabe-Geschichten, welche die Beziehung des Menschen zur natürlichen Ordnung verdeutlichen, erzählt man sich bis auf den heutigen Tag bei den Penobscot und Sokokl, den Passamaquoddy und den Missisquoi, den Micmac und anderen Wabanaki-Völkern, deren Platz auf diesem Kontinent in der Abenaki-Sprache *Ndakinna* – unser Land – genannt wird. Ein Land, das uns besitzt, ein Land, das wir ehren müssen.

»Gluskabes Jagdbeutel« ist eine Geschichte, die für das Verständnis, welchen Platz die menschlichen Wesen in der Vorstellung der Indianer in der natürlichen Ordnung einnehmen, von zentraler Bedeutung ist. Und es ist eine Geschichte mit vielen, vielen Bedeutungen. Gluskabe, der Trickster, ist das menschliche Wesen schlechthin, er ist aber auch eine Urgestalt, die vor den Menschen da war. Er vereinigt in sich sowohl das Gute, das den Menschen nutzt und der Erde hilft, als auch das Zerrissene, das, von selbstsüchtigen Gedanken beherrscht, das natürliche Gleichgewicht zerstören und Vernichtung bringen kann.

Er ist gewaltiger als wir, doch seine Probleme und seine Kräfte sind die eines menschlichen Wesens. Durch unsere Schlauheit und unsere Macht – eine magische Kraft – können wir in alles Leben um uns herum eingreifen. Doch wir handeln nicht recht, wenn wir diese Kraft mißbrauchen.

Wir müssen auf die alten und weiseren Stimmen der Erde hören, wie die Stimme von Großmutter Woodchuck, oder unsere Nachfahren werden buchstäblich verhungern. Es ist weniger eine mystische als eine praktische Beziehung – Vernunft.

Wenngleich ich meiner indianischen Herkunft nach selbst Abenaki bin, und ich achte die Lehren und Traditionen meiner Abenaki-Freunde und Alten, wie die Geschichten von Gluskabe, als zentralen Teil meiner Existenz, bemühte ich mich während der letzten 32 Jahre meines Lebens, viel von den Alten der Haudenosaunee-Nation zu lernen, den Menschen des Langhauses, zu denen die Nationen der Mohawk, Oneida, Onondaga, Cayuga, Seneca und Tuscarora zählen, die man heute gemeinsam als Irokesen bezeichnet.

Wir teilen uns die bedrohte Ecke unseres Kontinents, die man gemeinhin auf europäischen Karten als den Staat New York oder Neu-England bezeichnet. Tatsächlich lebe ich nur wenige Autostunden von dem Platz entfernt, wo ein Mann, den man als Boten des Schöpfers betrachtet und als Friedensstifter (Peacemaker) kennt, sich Hiawatha anschloß, um vor vielleicht 1000 Jahren fünf kriegführende Nationen in der Liga des Friedens zu vereinen. Eine große Fichte wurde als lebendes Symbol der blühenden und wachsenden Vereinigung der Nationen gepflanzt.

Der Großen Liga wurde inzwischen von vielen Historikern ein direkter Einfluß auf die Entstehung moderner Demokratievorstellungen und der Verfassung der Vereinigten Staaten zugestanden.

Ich halte es für angebracht, hier an einige Umweltprophezeiungen der Haudenosaunee zu erinnern, nicht als offizieller Vertreter irgendeiner indigenen Nation, sondern einfach als demütiger Geschichtenerzähler. Ich wiederhole diese nicht als Häuptling oder als einer der Ältesten, sondern als jemand, der den Botschaften Gehör schenkte und das Gehörte wahrheitsgetreu und aufrichtig zu übermitteln hofft.

Nach den Überlieferungen der Irokesen, von denen einige vom Propheten Ganio-dai-yo zu Anfang des 19.Jahrhunderts erzählt wurden, wird eine Zeit kommen, da die Ulmen sterben werden. Und dann würden die Ahornbäume, die Führer aller Bäume, von den Wipfeln her zu den Wurzeln hinab absterben.

In meiner Jugend sah ich, wie die Ulmen zu sterben begannen. Als ich Anfang zwanzig war, arbeitete ich als Forstwissenschaftler und fällte diese großen Bäume im Gebiet der Finger-Seen im Staat New York, dem traditionellen Territorium der Cayuga-Nation der Irokesen.

Während ich sie fällte, erinnerte ich mich daran, wie einst ihre Rinde benutzt wurde, um die Langhäuser zu bedekken, und daß die Ulme ein bedeutender Baum für das frühere Überleben der Irokesen war. Doch ein Insekt, fahrlässig eingeschleppt wie die Grippe, Masern, Windpocken und all die anderen menschlichen Seuchen, die im 16. und 17.Jahrhundert über 90% der Ureinwohner Nordamerikas töteten, brachte die holländische Ulmenseuche und bedeutete das Ende der großartigen Bäume.

Diese Bäume waren so wundervoll, ihre Äste so grazil, ihre zierlichen Blätter eine grüne Fontäne im Frühling, ein Zeichen, daß es Zeit war, den Mais zu pflanzen, sobald er so groß war wie Eichhörnchenohren. Und nun sind sie alle durch die Ankunft der Europäer verschwunden. In den letzten Jahren begann nun das Sterben der Ahornbäume von New York und Neu-England, sie welkten von den Spitzen abwärts, geschwächt, wie einige sagen, durch den sauren Regen und die giftigen Dämpfe, die die Schlote der Industrien des Ohio-Tals in den Himmel ausstießen, deren Rauch über das Land getragen wurde, um als Gift niederzukommen.

Ist die Erde krank? Ausschließlich aus der Perspektive des Menschen betrachtet, muß diese Frage bejaht werden. Was Menschen für das Überleben brauchen – fundamentale Dinge wie sauberes Wasser und reine Luft –, wurde geschädigt.

Die Irokesenprophezeiungen kündigen auch eine Zeit an, in der es schädlich wäre, die Luft zu atmen und das Wasser zu trinken. Diese Zeit ist nun gekommen. Das Wasser des St. Lorenzstroms ist so verseucht mit den Chemikalien der an seinen Ufern angesiedelten Industrien, der Firmen Kaiser und Alcoa, daß die Schildkröten vom Krebs überwuchert sind. (In der Schöpfungsgeschichte der Haudenosaunee war es die Große Schildkröte, die aus der Tiefe emportauchte und das Land auf ihrem Rücken als Unterstützung für die Erde anbot.)

Tom Porter, ein Häuptling des Bärenclans der Mohawk, fischte früher in diesem Fluß, um seine Familie zu ernähren. Das Wasser, das ihre Insel umfloß, ein kleiner Teil des Landes, das sich dem Gesetz nach noch immer in der Hand der Mohwak befindet und heute St.Regis Reservation heißt, brachte ihnen Leben. Doch vor ein paar Jahren erkannte er, daß es nicht mehr gesund war, den Fisch zu essen. Er würde seine Kinder vergiften. Er ließ seine Netze am Ufer des Flusses zurück. Sie sind noch immer da und verrotten.

Wenn wir »die Erde« als ein Netzwerk des Lebens betrachten, das uns erhält, steht außer Frage, daß dieses Netz geschwächt ist – die Erde ist krank. Doch betrachten wir dies aus einer anderen Perspektive, derjenigen der lebenden Erde selbst, ist diese Krankheit keine des Planeten; sie liegt vielmehr im Menschen begründet, und wenn wir dies zu einer paradoxen Schlußfolgerung weitertreiben, wird diese Krankheit nicht die Erde töten, sondern uns.

Die menschliche Überheblichkeit ist ein großer Teil dieses Problems. Wir sind für uns selbst so gefährlich, da wir über eine Macht verfügen, die keine andere Kreatur besitzt – die Macht, das natürliche Gleichgewicht zu zerstören. Da wir diese große Macht besitzen, wurden uns Zeremonien und Anweisungen (die in vieler Hinsicht selbst Zeremonien sind) gegeben, um uns unseres angemessenen Platzes zu erinnern.

Wir sind nicht die stärksten Wesen in der Schöpfung. In vieler Hinsicht sind wir die schwächsten. Uns wurden ursprüngliche Anweisungen vom Schöpfer gegeben. Diese Anweisungen lauteten, um es so einfach als möglich auszudrükken, gut zueinander zu sein und die Erde zu respektieren. Da wir Menschen dazu neigen, diese Anweisungen zu vergessen, gab uns der Schöpfer Geschichten wie die von Gluskabe und sandte uns Lehrer wie den Peacemaker und Handsome Lake, um uns von Zeit zu Zeit daran zu erinnern und uns auf den Weg des Guten zurückzubringen.

Ich spreche nun nicht von den Europäern, sondern von den Ureinwohnern selbst. Es gibt viele Geschichten in den indianischen Traditionen Nordamerikas – wie die Geschichten der Hopi über die früheren Welten, die zerstört wurden, nachdem die Menschen ihre Aufgaben vergaßen –, die erklären, was geschieht, wenn wir unseren angemessenen Platz aus den Augen verlieren. Solche Geschichten und jene Lehrer gibt es, um die Menschen im Gleichgewicht zu halten, unseren Blick auf das Wesentliche zu richten, um uns zu helfen, unseren Platz als Teil des Schöpfungskreises zu erkennen und nicht als über ihm stehend. Wenn wir unseren ursprünglichen Anweisungen folgen, sind wir dem kleinsten Insekt und dem größten Wal gleichgestellt, und wenn wir das Leben eines dieser anderen Wesen aus dem Kreis der Schöpfung nehmen, so muß dies aus dem richtigen Grund geschehen – um dem Überleben unseres eigenen Volkes zu helfen, nicht um das Überleben des Insektenvolkes oder des Walvolkes zu bedrohen.

Wenn wir Heilkräuter sammeln, dürfen wir nie alles nehmen, was wir finden, sondern nur ein wenig. Dafür müssen wir im Austausch Dank und Opfer bringen, vielleicht ein wenig Tabak, und wir sollten stets die Erde lockern und Samen pflanzen, damit neues Leben wachsen wird.

Doch wir Menschen sind schwach und können vergessen. So kommen die Geschichten und Lehrer, denen die Botschaft von der Schöpfung gegeben wurde, zu uns, und wir hören zu und finden zum richtigen Weg zurück.

So war es auf diesem Kontinent seit Zehntausenden von Jahren, bevor die Europäer kamen. Zehntausende von Jahren vergingen nach dem Tod der großen Bestien auf diesem Kontinent – jener riesigen Wesen wie dem Höhlenbär, dem Mammut und dem Riesenfaultier, Tiere, deren mein Abenaki-Volk in manchen unserer Geschichten als Monster gedenkt, die das Leben der Menschen bedrohten, bevor ein weiteres Lebewesen auf diesem Kontinent ausgerottet wurde.

Waren es die Ureinwohner, die einst diese riesigen Tiere vor Zehntausenden von Jahren ausrotteten, so scheint es, als hätten sie aus dieser Erfahrung gelernt. Die Klapperschlange ist gefährlich und tödlich, der Grizzly und der Polarbär jagten und töteten bekanntermaßen menschliche Wesen, doch in den indigenen Traditionen wurden diese Wesen, auch wenn man sie fürchtete, geehrt; der große Bär gilt als enger Verwandter des Menschen, und die Klapperschlange wird manchmal Großvater genannt.

Doch mit der Ankunft der Europäer änderte sich dies. In den 500 Jahren seit der Ankunft Kolumbus' an den Küsten von Hispaniola wurden Hunderte von Tierarten ausgerottet. Meist geschah dies aus Profitgier, nicht um zu überleben. Betrachtet man dies genauer, ist nicht nur das Überleben anderer Arten in Frage gestellt, sondern ebenso das Überleben des Menschen selbst.

Ein Teil meines eigenen Blutes ist europäisch, denn wie viele Indianer heute, mochten auch viele meiner Vorfahren die Europäer und die neuen Schwarzen. (Einige waren der Sklaverei entflohen und gründeten Bündnisse und zeitweise sogar eine afrikanisch-indianische Nation auf dem Boden der beiden amerikanischen Kontinente – wie die Republik von Palmares im nordöstlichen Brasilien, die fast das ganze 17. Jahrhundert hindurch bestand.) Ich schäme mich dieses Teils meiner ethnischen Herkunft nicht. Mir wurde beigebracht, daß nicht die Herkunft, sondern eine bestimmte Kultur den Menschen sein Gleichgewicht verlieren und seinen rechtmäßigen Platz vergessen läßt. Die Kultur jener Menschen aus Europa jedoch war seit langer Zeit im Krieg mit der Natur. Sie fällten den Großteil ihrer Wälder und töteten die meisten der wilden Tiere. Für sie war die Wildnis etwas, das gezähmt werden mußte. Für die Ureinwohner Amerikas war die Wildnis Heim, und sie war nicht »wild«, bis die Europäer sie dazu erklärten. Dennoch schöpfe ich Mut aus dem Gedanken, daß viele, die aus Europa in diese Hemisphäre kamen, schnell die Betrachtungsweise der Ureinwohner übernahmen. Dies geschah sogar in einem solchen Umfang, daß die Führer der neuen Kolonien (welche die ersten multinationalen Konzerne waren, die auf schnellstem Wege Profit für ihr Mutterland herausholen wollten und nicht etwa auf der Suche nach Religionsfreiheit waren, denn sie verboten alle Religionen außer der ihrigen) geschwind Gesetze erließen, um ihre Koloniebewohner davon abzuhalten, sich in »Eingeborene« zu verwandeln.

Sollten Sie meinen Ausführungen nicht trauen, so werfen Sie einen Blick auf die Worte, die von den kolonisierenden Europäern selbst verfaßt wurden; sie werden Gesetze finden, wie jene in Massachusetts, die den Männern noch immer verbieten, das Haar lang zu tragen. Warum? Aus dem einfachen Grund, daß es ein Zeichen der Sympathie für die langhaarigen Indianer war. Sie werden direkte Hinweise finden auf Siedler, die »mit dem Teufel im Bunde waren«, da sie so lebten wie »Wilde«.

Die indigene Lebensweise, das indianische Weltbild und das indianische Konzept des Menschen in dieser Welt waren einladend und sinnvoll, ja sogar fröhlicher als das europäische. Es ist eine Tatsache, daß die Ureinwohner in Neu-

England besser ernährt, besser gekleidet waren und gesünder lebten als die europäischen Siedler, und sie hatten mehr Lebensfreude. Die europäischen Chronisten dieser Zeit berichteten häufig darüber, wie die Indianer es verstanden, selbst Arbeit wie Spiel erscheinen zu lassen. Sie ließen ihre Arbeit, wie Feldaussaat oder Ernte, zu einer Gemeinschaftsaktivität voller Lachen und Gesang werden.

Auch unterschieden sich die meisten Ureinwohnerinnen erheblich von den Frauen der Siedler. Die Indianerinnen hatten die Kontrolle über ihr eigenes Leben. Sie konnten entscheiden, wen sie heirateten oder nicht, sie besaßen ihr eigenes Land, konnten frei darüber entscheiden, wieviele Kinder sie wollten, u.a. durch Anwendung von Kräutern zur Geburtenkontrolle, und sie besaßen politische Macht. In Neu-England waren weibliche Häuptlinge keine Seltenheit, und im gesamten Nordosten fanden sich verschiedene Strukturen, die den Frauen direkte Kontrolle in der Wahl der Häuptlinge einräumten. (Bis auf den heutigen Tag, sind es bei den Haudenosaunee die Frauen eines jeden Klans, die die Häuptlinge bestimmen, die sie im Großen Rat der Liga vertreten.)

Die Idee des Kreises in der einen oder anderen Form war das Grundprinzip praktisch jedes Aspektes des indianischen Lebens in Nordamerika – und ich bin mir dieser gewaltigen Generalisierung bewußt, denn im 15.Jahrhundert gab es allein in Nordamerika über 400 zum Teil stark voneinander verschiedene Kulturen. Zeit war nicht linear, sondern zyklisch. Die Jahreszeiten vollzogen einen Kreislauf, und dem gleichen Prinzip folgend verlief das menschliche Leben.

Wenn wir an einem bestimmten Ort in diesem Jahr Beeren sammeln oder jagen, so kehren wir vielleicht im nächsten Jahr an den selben Ort zurück. Wir müssen uns um diesen Platz sorgfältig bemühen – indem wir vertrocknetes Gestrüpp und ausgedorrte Beerensträucher niederbrennen, damit die Asche den Boden düngt und neue Sträucher wachsen können, während wir gleichzeitig damit sicherstellen, daß neuer Platz im Wald geschaffen wird, um junge Pflanzen als Nahrung für das Wild wachsen zu lassen.

Die gesamte Idee des Naturschutzes und der Ökologie war eigentlich eine gemeinsame Handlungsmaxime unter den Ureinwohnern des Kontinents. (Es gibt auch klare, gut dokumentierte Beweise für den direkten Einfluß, den die »ökologische Ethik« der Indianer auf Leute wie Henry David Thoreau, George Bird Grinnell, Ernest Thompson Seton und andere ausübte, die den Grundstein für Organisationen legten wie die Audubon Society oder die Boy Scouts of America und damit die gesamte moderne Umweltschutzbewegung.) So war uns diese europäische Idee fremd, den eigenen Hinterhof zu zerstören und dann in neues Land zu ziehen, zu neuen Grenzen, dem Hinterhof eines schwächeren Nachbarn.

Betrachtet man Dinge unter dem Aspekt von Kreisen und Zyklen und trägt man Sorge für das Überleben der eigenen Kinder, dann beginnt man, die Prinzipien des gesunden Menschenverstands anzuwenden. Über Tausende von Jahren hinweg kann man vielleicht durch das Prinzip von Versuch und Irrtum den richtigen Weg finden. Man lernt eine Lebensweise, die – wie die alten Indianer es nennen – die nächsten sieben Generationen berücksichtigt. Man stellt sich als Individuum und als Nation die Frage, wie die eigene Handlungsweise die nächsten sieben Generationen beeinflussen wird. Man denkt nicht in Abschnitten von vier Jahren Präsidentschaft oder eines Jahresbudgets, denn dies sind künstliche Gebilde, die hinsichtlich der Gesundheit von Erde und Mensch nichts Gutes bringen. Man fragt sich, was wird geschehen, wenn ich die Bäume fälle und die Vögel nicht weiterhin darin nisten können? Was geschieht, wenn ich diese Hirschkuh töte, deren Rehkitz nicht überleben wird, um neue Generationen auf die Welt zu bringen. Was geschieht, wenn ich den Lauf des Flusses verändere oder einen Damm errichte, so daß die Fische, Tiere und Pflanzen flußabwärts des Wassers beraubt sind? Was geschieht, wenn ich alle Tiere in meinem Jagdbeutel fange?

Und während die Zyklen der Jahreszeiten vorbeiziehen, erklärt man anhand der Geschichten, was geschehen wird, wenn man Fehler begeht. Dann wird man sich erinnern, und die Kindeskinder werden sich erinnern. Die Ureinwohner Nordamerikas verfügen noch immer über Tausende solcher Erzählungen, und es ist an der Zeit, daß die gesamte Welt zuhört.

Der Kreis ist das Konzept. Der Kreis ist die Lebensweise, die stets der zukünftigen sieben Generationen gedenkt und sich fragt: Wie werden meine Taten das Leben der Kinder der Kinder meiner Kinder beeinflussen?

Dies ist die Botschaft, die ich wieder und wieder gehört habe. Ich gebe diese Botschaft an Sie weiter. Meine eigene »ethnische Herkunft« ist eine Mischung aus Europäern und Indianern, doch die Botschaften, die ich am deutlichsten hörte und von denen ich das meiste lernte, entsprangen dem Boden der Ureinwohner.

Wenn meine eigene unbedeutende und erbärmliche Existenz von diesen alten Botschaften lernen konnte und sogar in der Lage war, diese anderen zu vermitteln, dann, scheint mir, kann jedes menschliche Wesen – Ureinwohner oder nicht – zuhören und lernen. Aus dieser Überzeugung heraus möchte ich allen Menschen der Erde diese Worte weitergeben.

Sie sind friedlich und nur auf der Durchreise

von George Blondin

(Dene/Kanada)

Der Erzähler der folgenden Dene-Geschichten, George Blondin, lebt heute in Fort Rae (Edzo) in den Northwest Territories in Kanada. Er war viele Jahre Fallensteller und Jäger. Im Zuge der Erschließung des kanadischen Nordens arbeitete er auch als Holzlieferant für die Bergbaugesellschaften, die am Großen Bärensee (Sahtú), den Rohstoff für die Entwicklung der Nuklearindustrie abbauten. Später kehrte er wieder zur traditionellen Lebensweise der Dene zurück und war mehrere Jahre Häuptling der Dene von Fort Franklin und Vorsitzender des Ältestenrates von Denendah, dem Land der Dene. George Blondin veröffentlichte ein Buch mit Mythen seines indianischen Volkes, die nahtlos in die Geschichte seiner Vorfahren und seine eigene Biographie übergehen. 1992 war er Teilnehmer des World Uranium Hearing in Salzburg. Dort erzählte er die Geschichte einer Prophezeiung, an die sich sein Volk bis heute erinnert: Ein Medizinmann der Dene hatte eine Vision vom Beginn des Uranbergbaus am Sahtú, in Gegenden, welche die Indianer traditionellerweise zu vermeiden suchten. Der Medizinmann sah voraus, daß das Uranerz zum Bau einer Bombe verwendet werden und schließlich gegen Menschen, die aussahen wie Dene, aber keine Dene waren, zum Einsatz gebracht werden würde: »Der Vogel ließ diesen Stock fallen, er verbrannte sie alle.« Doch auch die Indianer der Northwest Territories wurden zu Opfern der weißen Zivilisation. Die verzweifelte soziale Situation zwingt manche Indianer bis heute, jede Art von Arbeit anzunehmen, das heißt auch in Uranminen zu arbeiten.

George Blondin war im Auftrag der Ältesten seines Volkes nach Europa gekommen, um mehr über die Ursachen für die Umweltveränderungen im Land der Dene zu erfahren. Die Texte sind seinem Buch »When the World was NEW« entnommen. Sie beschreiben rückblickend den schmerzhaften und vor allem unfreiwilligen Wandel, dem die Jäger und Fallensteller des Dene-Volkes unterworfen waren.

Vor etwa zweihundert Jahren lebte eine große Zahl von Dene an den Ufern des großen Flusses Dehcho, nahe an seiner Mündung. Das war ungefähr zu der Zeit, als die ersten weißen Leute im Land herumzogen, zu einer Zeit, als die Lebensweise der Dene noch auf *medicine power* beruhte.

Es ist schwer, *medicine power* zu beschreiben: Man muß ein Leben lang in einer Medizinwelt gelebt haben, um es zu schildern, weil es so kompliziert ist. Man kann sie für viele Dinge benutzen, vor allem wenn etwas untersucht oder in die Zukunft geblickt werden soll. Manche hatten starke *medicine power.* Diese Medizinmenschen benutzten viele verschiedene Methoden – keiner dieselben – je nach Art der Medizin, die sie besaßen. Dies ist die Geschichte über einen bestimmten Medizinmann, der eine merkwürdige Art verfolgte, um ein Geheimnis zu ergründen.

Die Menschen am Ufer des Dehcho lebten vom Fischfang und der Herstellung von getrocknetem Fisch. Im Frühjahr wanderten viele Fischarten den Fluß hinauf. Sie kamen im Herbst zurück. So folgten sie dem Lauf der Jahreszeiten.

Eines Frühlingstages sahen Kinder, die am Flußufer spielten, merkwürdige Holzspäne vorbeitreiben. Neugierig fischten sie sie aus dem Wasser, denn nie zuvor hatten sie Holzspäne wie diese gesehen. Sie brachten sie zu ihren Eltern. Auch die Erwachsenen hatten solche Holzspäne noch nie gesehen. Sie unterschieden sich von denen, die Steinäxte machten, und keiner konnte daraus schlau werden.

»Sie sehen wie frische Späne aus«, sagten die Eltern. »Wer immer sie gemacht hat, muß sich flußaufwärts befinden.« Es gab viel Gerede über das Rätsel, und es machte den Leuten Angst. »Vielleicht kommen Feinde aus dieser Richtung«, sagten die Leute. Zu dieser Zeit hatten die Dene viele Feinde, die oft ihre Kinder entführten.

Die Leute wußten, daß sie etwas unternehmen mußten. Ein starker Medizinmann wurde ausgewählt, um herauszufinden, woher die Späne kamen.

»Gehen wir hinunter zum Fluß«, sagte der Medizinmann. »Ich werde dort Medizin machen.« Er durchsuchte das Ufer und hob ein kleines Stück Treibholz auf, das wie eine Pfeife geformt war. Er setzte sich unter die Leute und verkündete folgendes: »Ich brauche noch etwas anderes, damit ich bessere Medizin machen kann. Behaltet mich im Auge.«

Der Mann begann zu singen und zu beten, und bald kam eine Maus auf ihn zugekrochen und pfiff leise. Der Medizinmann sprach zur Maus in der Mäusesprache. Dann erhob er sich mit dem Treibholz, das wie eine Pfeife geformt war, setzte es auf das Wasser und ließ es schwimmen. Der Medizinmann quietschte der Maus zu, und die Maus sprang auf den Stock. Dann sprach der Mann ein altes Wort aus und klatschte in die Hände. Der Stock mit der Maus darauf schoß flußaufwärts, sozusagen wie ein winziges Schnellboot. Alle waren sehr erstaunt, doch der Medizinmann fuhr fort, in der Medizinsprache zu sprechen.

Nach einer Stunde etwa kam der kleine Stock mit der Maus darauf zurück. Der Medizinmann und die Maus quietschten eine Zeitlang miteinander, dann verschwand die Maus. Schließlich sprach der Medizinmann zu den Leuten: »Es sind fremde Menschen, die den Fluß in drei Kanus hinabreisen. Es sind drei weißhäutige Menschen mit Dene-Führern. Ich habe ihre Gedanken ausgekundschaftet, um herauszufinden, ob sie unserem Volk Schaden zufügen wollen. Sie sind friedlich, nur auf der Durchreise durch dieses Land. Sie sind nicht mehr weit flußaufwärts und werden bald hier sein.«

Die Leute kehrten zu ihren Zelten zurück und sprachen aufgeregt miteinander, und am Abend erschienen drei Kanus. Als sie sich dem Ufer näherten, bekamen die Leute Angst, doch der Medizinmann erinnerte sie daran, daß die Neuankömmlinge niemandem schaden würden.

Es war das erstemal, daß die Menschen an der Mündung weiße Männer sahen, und sie begrüßten sie, so gut sie konnten, gebrauchten Zeichensprache und die Hilfe der Führer. Die Weißen gaben ihnen Geschenke, zum Beispiel Streichhölzer, Taschenmesser und Kandiszucker. Die Dene waren sehr überrascht, wenn sie ein Zündholz anstrichen, das sofort Feuer erzeugte, aber das wichtigste, was die weißen Männer taten, war, ihnen zu zeigen, wie man ein Gewehr abfeuerte. Einer der weißen Männer rammte als Ziel einen großen Stock in den Boden. Er lief zurück und lud sein Gewehr, legte an und drückte ab. Die Menschen erwarteten keinen lauten Krach, und als das Gewehr abgefeuert wurde, schrien einige von ihnen, als ob sie selbst getroffen worden wären. Einige liefen davon. Dann zeigte ihnen der weiße Mann das große Loch, das der Treffer im Ziel hinterlassen hatte, und die Dene waren sehr erstaunt, daß ein Gewehr so etwas machen konnte. Die weißen Leute sagten, sie würden mehr von diesen Dingen zum Tausch gegen die Pelze wilder Tiere bringen. Obwohl die Verständigungsmöglichkeiten nicht gut waren, begriffen die Dene, wonach die weißen Leute suchten, als sie den Großen Fluß hinabreisten.

Die Veränderungen im Leben der Dene wurden durch einen großartigen alten Mann namens Ayah vorhergesagt, der um 1850 geboren wurde und sein ganzes Leben in Déline zubrachte. Er starb 1941 im Alter von 91 Jahren.

Ayah lebte wie ein Dene, so wie Karkeye und Paul Blondin. Er wurde mit Zauberkraft geboren, um anderen und, falls nötig, sich selbst zu helfen. Seine Zauberkraft war nicht dazu gedacht, seinem persönlichem Gewinn zu dienen.

Als er neun Jahre alt war, lebte Ayah im Busch mit seiner Mutter und ihrem zweiten Ehemann – einem strengen, rauhen Mann. Es war Dezember und sehr kalt, doch sein Stiefvater jagte Ayah jeden Morgen aus dem Zelt, um das Feuer anzuzünden.

Eines Morgens setzte Ayah einen Topf mit Wasser auf das Feuer, um Fisch zum Frühstück zu kochen. Er legte den Fisch neben die Kochstelle und ging weg, um sich zu erleichtern. Während er weg war, stahl der Hund eines Nachbarn den Fisch. Ayah jagte den Hund und prügelte ihn tüchtig durch, doch es war zu spät. Der Hund hatte den Fisch aufgefressen und es war nichts übriggeblieben. Ayah ging zum Zelt zurück.

Dort war sein Stiefvater schon aufgestanden und saß an der Feuerstelle. »Was soll das, den Hund am frühen Morgen herumzuhetzen?« fragte er. »Es ist nicht dein Hund – er gehört zum Nachbarzelt. Du hättest ihn töten können. Wenn du es gescheit anfangen willst, nimm meinen Vorderlader und geh' zum Jagen in den Busch. Komm' zurück, wenn du selbst etwas zur Strecke gebracht hast.«

Kinder gaben ihren Eltern damals keine Widerworte, also machte sich Ayah auf in den Busch, ohne etwas gegessen zu haben. Nachdem er eine Weile gelaufen war, setzte er sich nieder und dachte ein wenig nach.

Er wurde mit Zauberkraft geboren, doch bisher hatte er sie nicht gebraucht. Jetzt, dachte er, sollte er es mit Elchzauber versuchen. Er füllte seine Pfeife mit Tabak und rauchte den Atem des Elches. Danach dachte er, »Ich will, daß der Elch erscheint«. Er lud sein Gewehr, rauchte und hoffte auf einen Elch.

Ziemlich bald erschienen eine Elchkuh und ein Kalb. Ayah erlegte die Kuh, die neben ihm niederbrach. Er lud das Gewehr und schoß das Kalb. Zum Abschneiden der Köpfe und Ausnehmen benutzte er sein Messer. Dann nahm er etwas von dem Fleisch mit zurück zum Lager, damit er und seine Eltern etwas zu essen hatten. Das dauerte zwanzig Minuten. Seine Familie hatte noch nicht einmal das Frühstück gekocht, als er zurückkam.

Von da an behandelte sein Stiefvater Ayah mit großer Ehrerbietung, denn er wußte nun, daß der Junge einen mächtigen Zauber hatte.

Der junge Ayah hatte eine Vision. Eine Stimme sagte ihm, daß die Vision zurückkehren würde, wenn er ein guter Mann und seinem Volk ein Lehrer werde. Also entschloß er sich, so gut zu werden wie nur möglich. Ayah wuchs als guter Jäger heran, und er unterstützte die Menschen, wenn Hilfe nötig war. Er wurde von seinem Volk verehrt. Die Mädchen waren alle hinter Ayah her, aber er kümmerte sich nicht um sie, und als er um die vierzig Jahre alt war, fragten sich die Leute, warum er immer noch nicht geheiratet hatte. Der Grund war, daß Ayah immer noch darauf wartete, daß seine Vision zurückkehrte.

Priester waren nach Denendeh gekommen, aber nicht in die Gegend um den Sahtú, als Ayah die Vision wiedersah. Die Stimme sagte ihm, daß er eine Frau heiraten werde, die flußabwärts lebte. Die Stimme trug ihm auf, »Worte auf Papier« vom Priester zu beschaffen. Die Stimme sagte, das würde ihm Weisheit verleihen, um sein Volk zu lehren. Ayah hatte seinen eigenen Rosenkranz, schon bevor die Priester kamen. Er hatte diese Kenntnisse aus seiner Vision.

Ayah kannte keine Frau, wie sie die Stimme seiner Vision beschrieben hatte. Aber als einige Dene aus Rádeli Kó den Platz besuchten, an dem er jagte und Fallen stellte, fühlte er sich zu einer der Frauen hingezogen. Er nahm dies als ein Zeichen und bat sie, ihn zu heiraten.

Nach seiner Hochzeit begann Ayah seinem Volk von Gott zu erzählen. Er hatte das Lesen nie gelernt, und doch konnte er alle Geschichten in der Bibel lesen. Die Leute bekamen einen Priester gewöhnlich höchstens zweimal im Jahr zu hören, wenn sie des Handels wegen nach Tulít'a kamen. Deshalb legten sie große Entfernungen zurück, um Ayah zuzuhören. Sie brachten ihre Kinder zu ihm, so daß er über sie seinen Segen sprechen konnte.

Ayah lehrte die Menschen, was geschehen würde, wenn sie sich nicht im Zaum hielten. Er sagte ihnen, daß sie keinen Alkohol trinken sollten. »Er verändert den Geist der Menschen«, warnte er. Er sagte ihnen, daß sie nicht spielen sollten. »Die Erträge, die ihr aus der Jagd und der Fallenstellerei erworben habt, wurden euch von unserem Schöpfer gegeben, verspielt sie nicht«, sprach er.

Mein Vater und ich hörten Ayah oft zu. Er sprach über die Zukunft und wie die Lebensweise der Dene sich verändern würde. Es wird mehr Verbrechen geben, sagte er, und die Leute werden Alkohol trinken. »Die Dene werden nicht zusammenhalten«, erzählte Ayah.

»Dies wird in der Zukunft geschehen, wir sollten vorbereitet sein«, warnte Ayah.

Als Ayah starb, erlaubte er meinem Vater und mir – da wir ihm einige Gefälligkeiten erwiesen hatten, für die wir weite Wege gegangen waren –, ihn zu begraben. Und das trug sich so zu: Im September 1940 reisten wir über Déline, um am Sahtú unsere Fallen aufzustellen. Der Wind legte sich, und so beluden wir unser Boot mit einem Schlitten, vielen Lebensmitteln und unseren Hunden. Unser Außenbordmotor war neu, und wir hatten noch nie Probleme mit ihm gehabt, aber als wir uns vom Ufer abstießen, zog ich eine halbe Stunde am Startseil und nichts geschah. Der Wind frischte auf, und es wurde dunkel. Wir gingen an Land und nahmen den Motor auseinander, um herauszufinden, was kaputt war. Nachdem wir unser Zelt aufgeschlagen hatten, kamen Leute angelaufen, um uns mitzuteilen, daß Ayah krank sei. Er hatte ihnen aufgetragen, diese Botschaft an meinen Vater genau zu wiederholen: »Ihr müßt mich jetzt begraben, so wie ich es euch versprochen habe, vor langer Zeit!«

Ayah begegnete dem Volk ein letztes Mal. Er schüttelte jedem die Hand, fiel dann in Schlaf und starb. Mein Vater und ich brachten drei Tage damit zu, Ayah einen Sarg zu zimmern und einen Zaun um sein Grab zu ziehen. Er ist noch heute dort. Das war alles, was von Ayah übrigblieb, dessen Stimme so mächtig war, daß die Dene seine Lehren befolgten. Solange Ayah – dieser große Lehrer – lebte, waren die Menschen fromm, arbeitsam und bereit zu teilen, so war das Leben. Aber nachdem er fort war, begannen sich die Dinge zu verändern – so wie es Ayah vorhergesagt hatte. Heute noch sprechen die Leute über Ayahs Vorhersagen, die sich bewahrheitet haben. Um ihn zu ehren, benannten die Dene die Schule in Déline nach ihm.

Um 1950 waren wir arm. Die Preise für Pelze waren niedrig, und die Dene mußten im ganzen Land umherziehen, um genügend Pelze für den Überlebensunterhalt zu erbeuten. Die Menschen waren oft krank, doch es gelang dem Firmenarzt in Port Radium nicht, uns alle richtig zu behandeln, weil wir immer unterwegs waren, in Zelten im Busch lebten und auch bei kaltem Wetter reisten. Einige wurden so krank, daß sie nach Edmonton ins Camsell-Krankenhaus mußten.

Ein Priester besuchte die Dene im Hospital und dachte, daß ihre Kleider zu alt seien. Er informierte das Wohlfahrtsamt in Edmonton, und fremde Leute von außerhalb spendeten Kleidung.

Im Herbst zogen meine Familie, die meines Vaters und noch eine Familie ins Quellgebiet des Nágazideh, etwa achtzig

Kilometer östlich von Port Radium. Wir errichteten ein Lager, um zu fischen und zu jagen, auch um Holz für die Mine zu fällen. Wir töteten ein paar Elche. Dann beschloß mein Vater, in eine bessere Fischgegend zu ziehen. Er und die anderen wollten um Weihnachten Fallen stellen. Nachdem sie abgezogen waren, jagte und fischte ich und fällte Holz.

Ich stand sehr früh auf, um nach meinen fünf Fischnetzen zu sehen. Ich benötigte ziemlich viel Fisch, weil ich viele Hunde zu füttern hatte. Nachdem ich die Netze untersucht, die Hunde gefüttert und den Fisch weggeräumt hatte, war es Zeit zu Abend zu essen. Danach hatte ich noch zwei Klafter Holz für den Tag zu schneiden, so arbeitete ich bis spät in die Nacht.

Wenn ich heute daran denke, erinnere ich mich, wie schön es war, meine Kinder um mich zu haben. Beim Holzfällen brachten meine beiden ältesten Töchter mir das Mittagessen, wir setzten uns auf einen Baumstamm, rissen Witze und ich aß. Als ich älter wurde und die Probleme kamen, dachte ich oft, daß ich nichts dagegen hätte, wieder in dieser Zeit zu leben, könnte ich die Dinge ändern.

Als der See gefror, nahm ich meine Netze aus dem Wasser und wartete, bis ich sie unter dem Eis setzen konnte. In der Zwischenzeit fällte ich eifrig Holz. Ich hatte alle möglichen Arten wildes Fleisch, Weißfisch und Forellen. Meine Frau Julie sah nach den Hasenschlingen, konnte aber nicht lange vom Zelt fortbleiben, weil wir vier kleine Kinder hatten, Evelyn, Georgina, Walter und Bertha. Das älteste war sechs Jahre, das Jüngste acht Monate alt.

Nachdem das Eis gefroren war, setzte ich fünf Netze. Meine Frau und ich arbeiteten bis spät in die Nacht, um sie herzurichten, befestigten Schwimmer und Gewichte daran und verpackten sie in einer Plane, damit ich sie tragen konnte.

Ich schirrte meine alten Hunde an und machte mich am nächsten Morgen auf den Weg. Das Eis war nur zwölf Zentimeter dick, aber tragfähig genug, um darauf zu reisen. Meine Frau mußte mir beim Setzen der Netze helfen, und deshalb nahmen wir die Kinder mit. Die Älteren gaben im Toboggan auf die Jüngeren acht.

Nachdem unsere Netze ausgebracht waren, brachte ich zwei Nächte damit zu, Fallen aufzustellen. Die erste Nacht schlief ich im Freien unter einem Baum. Als ich am nächsten Morgen meinen Weg antrat, fingen plötzlich die Hunde an zu bellen und so schnell sie konnten zu rennen, als würden sie eine Karibuherde wittern. Hunde können ein Karibu auf acht Kilometer Entfernung riechen, wenn der Wind richtig steht, und der Wind stand richtig. Ich ließ die Hunde los.

Die Hunde liefen fünf oder sechs Kilometer und führten mich zu einem ziemlich großen See, wo sich viele Karibus versammelt hatten. Ich erlegte sechs Tiere, soviele, wie ich brauchte, übernachtete am See und kehrte am nächsten Tag zurück.

Einen Tag später kam meine älteste Tochter ins Zelt gerannt. »Vater, was ist das da draußen?«, rief sie. Ich ging hinaus und sah den See voll mit Karibus. Sie blieben eine Woche, und ich war so beschäftigt, daß ich gar nicht merkte, daß es schon Dezember wurde. Wir beschlossen nach Port Radium zu gehen, wegen der Vorräte. Wir benötigten einen ganzen Tag, um dorthin zu gelangen. Als wir dort ankamen, hatten die Mounties eine Nachricht aus Déline: die Frau meines Bruders war krank geworden, und sie baten mich, ihn abzuholen und zu ihr nach Port Radium zu bringen. Es war über 250 Kilometer weit bis Déline, aber mein Vater meinte, ich sollte gehen.

Ich reiste zusammen mit einem anderen Mann. Es lag nur wenig Schnee auf dem Eis, und ich hatte drei ältere Hunde, die gute Leittiere waren, und mit vier jungen Hunden ein gutes Gespann bildeten. Wir brauchten zwei Nächte bis Déline und blieben zwei Wochen dort. Zusammen mit noch zwei Familien reisten wir zurück. Mein jüngerer Bruder war krank, und nachdem wir ihn nach Port Radium gebracht hatten, mußte er ins Camsell-Krankenhaus in Edmonton zur Behandlung. Ich selbst war auch nicht gesund. Mein Bruder war als Kind an der Tuberkulose gestorben. Ich schlief neben ihm, bis zu dem Tag, an dem er starb, also war auch ich mit Tuberkulose infiziert. Schließlich holte mich die Krankheit ein. Als ich krank wurde, dachte der Arzt, ich hätte Nierenprobleme, und entschied, daß er mich nach »Draußen«, nach

Edmonton, schicken mußte. Ich müßte dort für mindestens zwei Jahre bleiben, sagte er mir.

Ich erinnerte mich daran, daß mein Großvater Paul mir gesagt hatte, daß ich länger leben würde, als alle meine Verwandten. Ich war damals erst 35 Jahre alt und sicher, daß ich überleben würde. Nicht so der Doktor, er sagte: »Nur wenn du Glück hast, wirst du es schaffen.«

Zu dieser Zeit waren die Leute um den Sahtú arm, und viele waren über meinen Vertrag mit der Mine nach Port Radium gekommen. Es gab also viele Leute aus Déline, die das versprochene Holz schneiden konnten. Mein Vater übernahm das Geschäft, und mein Schwiegervater kümmerte sich um meine Familie.

Nachdem ich neun Monate im Hospital verbracht hatte, ließen sie mich nach Hause gehen. Ich sollte mich noch für mindestens ein weiteres Jahr schonen, aber nach sechs Monaten fühlte ich mich schon wieder stark genug, zu jagen und zu fischen, und im Herbst konnte ich schon wieder Fallen stellen. Holzfällen konnte ich allerdings nicht, weil ich keine schweren Gegenstände heben konnte.

Dann wurden alle meine Kinder krank. Mein Sohn Walter starb im Krankenhaus. Nur kurz darauf mußte meine Frau, die auch Tuberkulose bekam, ins Camsell-Krankenhaus. Sie hatten damals eine bessere Behandlungsmethode gefunden. Als meine Töchter Georgina und Bertha wieder gesund wurden, fragte ich bei der Indianerbehörde an, ob es irgendein Internat gäbe, wohin ich meine Kinder schicken könnte. Schließlich brachte ich Georgina und Bertha zur Missionsschule in Zhatí Kóé.

Ich entschied, daß mein altes Leben nicht mehr weiterzuführen war. Im kalten Wetter im Land umherzuziehen war nicht mehr gut für meine Familie und mich. Ich hatte bereits meinen ältesten Sohn verloren. Ich mußte in der Nähe eines Arztes leben und in der Nähe der Schulen meiner Kinder. Ich dachte, ich könnte auf dieselbe Art leben wie die Menschen in den Großstädten, also Geld gegen Arbeitskraft eintauschen.

In Port Radium ging das nicht, ich mußte umziehen und beschloß, nach Sòmbak'è zu ziehen. Mein Leben zu ändern würde nicht leicht sein, es war aber wegen meiner Kinder notwendig. Als ich meinem Vater erzählte, was ich vorhatte, wurde er wütend. »Ist das alles an Weisheit, was dein Großvater und ich dir gegeben haben? Du wirfst alles weg und willst den anderen Weg nehmen?«

Ich antwortete, daß die Dene ihre Art zu leben früher oder später aufgeben müßten, weil sich die Welt um sie herum veränderte. Die Regierung hatte Schulen eingerichtet, und die Menschen begannen sich in Siedlungen niederzulassen, das war der Anfang des Wandels. Wenn die Eltern durch den Busch zogen, wie konnten sie ihre Kinder richtig erziehen lassen? Außerdem war es schwierig, an einen Doktor heranzukommen, wenn man im Busch lebte. Die Dene kamen jetzt mit vielen bisher unbekannten Krankheiten in Berührung. Es schien einfacher, aus dem Busch in eine Siedlung zu ziehen, als große Entfernungen zurückzulegen, wenn jemand krank wurde.

Mein Vater war stur, und ich konnte ihn mit solchem Gerede nicht überzeugen. Er war davon überzeugt, daß seine Art zu leben die richtige sei, daß sich die Dene nie ändern würden und daß die Welt sich nie verändern würde.

Aber ich war ebenfalls stur. Ich wollte nicht noch mehr Kinder verlieren. »Meine Mutter hatte fünfzehn Kinder, und vierzehn starben im Busch«, sagte ich zu meinem Vater. »Ich will nicht, daß es meinen Kindern genauso ergeht. Ich werde irgendwohin gehen, wo sie in meiner Nähe sind, in der Nähe eines Krankenhauses und wo es eine Arbeit für vielleicht die nächsten zwanzig Jahre gibt. Danach kann ich zurück in den Busch gehen.«

Mein Vater sprach lange kein Wort. Schließlich fragte er: »Wo wirst du hingehen?« Ich sagte ihm, daß Sòmbak'è 480 Kilometer entfernt sei, dort wollte ich hin.

Meine Frau kam im Herbst aus Edmonton zurück. Im Frühjahr verkaufte ich, was sich verkaufen ließ, und gab den Rest meinem Vater. Den größten Teil unserer Besitztümer schickte ich mit dem Fährschiff nach Sòmbak'è, und wir nahmen ein Flugzeug. Es war schwer als Neuankömmling in einer Stadt von dieser Größe. Ich mußte mir eine Arbeit suchen und bekam auch sofort Anstellung in einer Sägemühle am Desnedé, wo ich bis Weihnachten arbeitete. Dann ging ich zurück nach Sòmbak'è. In diesem Jahr wurden viele Claims um Tsamba K'è abgesteckt. Mein Vater kam mit dem Hundeschlitten vom Sahtú. Eine Minengesellschaft fragte uns, ob wir für sie abstecken würden. Wir luden die Hunde in ihr Flugzeug und gingen Markierungspfähle einschlagen. Mein Vater schlug die Schneisen, und ich schrieb auf die Pfosten. Wir arbeiteten eineinhalb Monate als Team und verdienten viel Geld. Als es warm wurde, bekam ich den Auftrag, 750 Klafter Holz für ein neues Projekt im Norden von Sòmbak'è, die Rayrock Mine, zu liefern. Ich stellte Leute ein, die das Holz fällten, und verdiente gut daran.

Im Frühjahr 1956 bekam ich eine Anstellung bei den Giant Yellowknife Minen und arbeitete zum ersten Mal für jemand anderes gegen ein regelmäßiges Einkommen. Mein bester Freund hatte mich dem Minenaufseher vorgestellt. »Wir stellen keine eingeborenen Leute aus dieser Gegend ein«, sagte der Aufseher zu mir. »Aber da du von so weit hergekommen bist, werden wir es mit dir versuchen.«

Früher haben einige kleine Firmen die Indianer mit niedrigen Löhnen und Whiskey bestochen, um sie dazu zu bewegen, ihre Hundegespanne zu verleihen, Claims abzustekken und ihre Lager billig zu verlegen. Als Sòmbak'è größer wurde, brauchten diese Leute die Dene nicht mehr und wollten nichts mit ihnen zu tun haben. Ich war der einzige Dene, der damals für Giant Mine arbeitete. Zu Anfang war es schwierig, wurde aber mit der Zeit besser.

Es gab noch immer wenige Dene, die für Lohn arbeiteten. Als mehr Leute von außerhalb zuzogen, stellten die Dene ein paar Fallen auf, um etwas Geld hinzuzuverdienen, und ein paar junge Leute bekamen kurzfristige Jobs.

Im Sommer wurden die Dene von kommerziellen Fischbetrieben angeworben. Sie fischten in ihren eigenen Kanus für sie. Einige indianische Fischer wurden reich dabei, das half ein wenig. Aber die Dene, die in der Stadt lebten, konnten insgesamt keine Arbeit bekommen, und es war schwer, von der Wohlfahrtsunterstützung zu leben. Einige von ihnen zogen im Herbst in den Busch, kehrten an Weihnachten zurück, um dann wieder auf die Frühjahrsjagd zu gehen, so wie sie es schon immer getan hatten. Aber es war nicht leicht für sie, weil es soviele neue Dinge gab, um sein Geld los zu werden: Miete, Taxis, Busse, Kino, Cafes, Alkohol.

Mein Leben zu verändern war für mich genauso schwer wie für andere Dene. Als ich noch am Sahtú lebte, war das Leben einfach. Meine Ältesten hatten mich gelehrt zu teilen, Bargeld bedeutete mir damals nicht viel. In Sòmbak'è kannte ich deshalb den Wert des Geldes zuerst nicht und wußte nicht, daß man es sparen muß. Es gab so viele neue Dinge, die ich kaufen mußte. Ich arbeitete für $1.49 in der Stunde und mußte davon unseren Strom, das Telephon, die Miete, Öl und Lebensmittel bezahlen.

Ich lebte im alten Teil der Stadt, auf der Latham-Insel. Ich teilte alles, so wie ich es gelernt hatte. Deshalb kamen viele Dene in mein Haus, und ich lud sie zum Essen ein. Ich glaube, ich konnte mich nicht ändern. Ich lernte zu spät, daß es sehr schwer ist, zur selben Zeit auf zwei Arten zu leben.

Deshalb bereitete ich meine Kinder darauf vor, auf diese neue Art zu leben. Ich sorgte dafür, daß sie jeden Tag in die Schule gingen. Meinem Sohn sagte ich: » Ich wollte dich nicht zu oft mit in den Busch nehmen, weil dir diese Art zu leben vielleicht gefallen würde.«

Manchmal nahm ich meine Söhne mit auf die Jagd, aber ich legte Wert darauf, sie zu lehren, für ein festes Einkommen zu arbeiten. Gleichzeitig wurden meinen Kindern Geschichten über ihre Familien erzählt, über Raben, über das Land, die Vergangenheit und die Kultur unseres Dene-Volkes. Alle meine Kinder sind jetzt unabhängig.

Ich hatte vierzehn Jahre für die Mine gearbeitet, als meine Frau an Leukämie erkrankte. Nach vier Jahren im Krankenhaus starb Julie. Nachdem ich sie verloren hatte, konnte ich nicht mehr in der Mine arbeiten. Meine Kinder waren erwachsen, dazu in der Lage, auf sich selbst aufzupassen, so entschloß ich mich, nach Déline zurückzugehen, zu jagen und Fallen zu stellen, wie ich es immer gemacht habe.

Einige Dene sagen, daß die Erde unser Körper ist. Andere sagen, sie ist ein großer Selbstbedienungsladen. Früher dachten sie, daß sich die Dinge niemals ändern würden. Aber die Veränderung war so stark, daß sie die Lebensweise der Dene veränderte. Es war ein Wandel, der seine eigene Entwicklung nahm, ohne Kontrolle seitens der Dene.

Die Regierung leitete den Wandel ein, um den Leuten zu helfen. Aber die Schwierigkeiten wurden größer und größer. Bildung bedeutete, daß die Kinder ihren Eltern nicht mehr zuhörten. Familienverhältnisse ändern sich ständig. Das ist für jeden sehr schwer. Nur wenige Dene sind hauptberuflich Fallensteller und Jäger, deshalb verändert sich auch die Beziehung zum Land. Sie leben in festen Siedlungen, deshalb brauchen sie Arbeitsplätze, um Geld zu verdienen. Doch es gibt kaum Arbeit. Die Regierung ist nicht an allem schuld, was das Leben unseres Volkes veränderte. Viele Dinge gleichzeitig bewirkten die Veränderung der Dene, doch es war die Regierung, die den Wandlungsprozeß einleitete.

Einige Dinge ändern sich nicht. Viele jüngere Dene führen kein traditionelles Leben mehr, aber sie kennen es und verstehen seinen Wert. Sie versuchen dieses Erbe in ihrer Arbeit einzusetzen und die Kontrolle über die Veränderungen zu behalten, die unser Land und unser Volk betreffen. Sie schaffen einen neuen Dene-Lebensstil auf neue Weise.

Vielleicht bleiben die wichtigen Werte der Dene – Respekt gegenüber dem Land und Respekt füreinander – in Zukunft weiterbestehen, hier in Denendeh, dem Land der Dene, und auf der ganzen Welt.

Die Maismenschen haben ihre alten Götter nicht vergessen

von Rigoberto Queme Chay

(Maya/Guatemala)

Die Zivilisation der Maya hat ihren Ursprung in der mittelamerikanischen Region. Ihre Nachfahren siedeln heute weit im Süden – in Guatemala, im Süden Mexikos und in Teilen von Honduras. Gegenwärtig leben die meisten von ihnen in Guatemala, wo fünf der insgesamt neun Millionen Einwohner des Landes einen Teil der Maya-Zivilisation bilden, einem Mosaik gleich, das sich aus 22 ethnischen Gruppen mit ebensovielen unterschiedlichen sprachlichen Dialekten zusammenfügt. Die zahlenmässig größten Gruppen stellen die Mame, Cakchiquel, Kekchi und Quiche, zu deren letzteren der Autor dieses Essays, Rigoberto Queme Chay, ein Forscher und kommunaler Führer, gehört.

Die heute noch lebendige Maya-Kultur vermochte 500 Jahre der Kolonisation, deren Prozeß mit den Konquistadoren seinen Anfang nahm und von deren Nachfahren fortgeführt wurde, zu überleben. All diese Jahre hindurch waren wir das Ziel eines beständigen Angriffs auf unsere Wirtschaftsformen und unsere soziale Organisation, unsere Kultur und unsere Religion, die eigentlich ein Naturkult ist. Wir Maya schufen zur Verteidigung unserer Werte Widerstandsformen, durch die es uns in einigen Fällen gelang, uns der Werte der Invasoren zu erwehren, in anderen Fällen übernahmen oder akzeptierten wir diese.

Guatemala ist heute ein Land, das von schweren sozialen Konflikten zerissen wird, die zwei unterschiedlichen Lebenskonzepten und Kulturen entspringen und durch ein Band der Unterdrückung und Unterordnung verknüpft sind. Ziel der Konquistadoren war die Einführung des Christentums als eine Form ideologischer Kontrolle und Rechtfertigung für neue Wege der Unterdrückung und Ausbeutung sowohl des Menschen als der Natur.

Hinsichtlich der Religion unterscheidet sich die »Kosmovision« der Maya grundlegend von der jüdisch-christlichen Ideologie, die uns seit 1492 aufgezwungen wurde. Das Grundprinzip des ganzheitlichen Charakters der Maya-Religion beruht auf der Betrachtungsweise, in der der Mensch sich selbst und seine Beziehung zur Umwelt sieht. Zunächst sind Raum und Zeit für die Maya Urgötter, und die Natur ist als eine übergeordnete Kraft die herausragende Autorität, die das Leben und die Fortpflanzung aller Wesen bestimmt. Die Maya glauben an das Leben aller Dinge. Jedes Tier, jeder Stein und jeder Fluß hat sein eigenes *nahual*, seine eigene göttliche Personifizierung. Erde und Wasser stehen über allen anderen Elementen, da sie den Ursprung des Lebens bilden. »So sind beispielsweise *Tlaloc* (in Nahuatl) oder *Chaks* (in Yucateca-Maya) die göttlichen Wächter des Regens, die ihre besondere Aufmerksamkeit den *milpas* schenken, jenen Gebieten, die für den Ackerbau bestimmt sind. Man bittet sie um ihren Beistand, der eine gute Ernte sichern soll und wofür man ihnen Dank entgegenbringt, wenn dies geschieht.«[1] Der Mensch beugt sich dem Entwurf der Natur, die er nicht als fremd empfindet und die er nicht gnadenlos ausbeuten kann, denn die irrationale Nutzung der natürlichen, dem Menschen zur Verfügung stehenden Ressourcen wird als Sünde betrachtet.

Das Jahr der Maya gliedert sich in 260 Tage, die wiederum auf 13 Monate verteilt den Zyklus des Korns in den Eingeweiden der Erde sowie den Verdauungszyklus im menschlichen Leib versinnbildlichen. Die Überlieferung besagt, daß der Mensch nach vielen Versuchen vom Schöpfer aus dem Teig des gelben Maises geschaffen wurde. Der Mais ist allgegenwärtig im menschlichen Leben, sei es als Nahrung, Schmuck oder religiöses Symbol. Die meisten Mahlzeiten bestehen aus Mais, der zusammen mit Bohnen und Chili die Grundnahrung bildet. Die vorherrschenden Farben der Frauenkleider sind gelb und grün, die Farben der Körner und Blätter des Maises, und die Muster in der Ausschmückung erinnern an die Blätter der Pflanzen.

Der Maya-Farmer vollzieht bestimmte Versöhnungsrituale und bittet um Vergebung für die Wunden, die er Mutter Erde zufügen wird. Dies war so seit Anbeginn der Zeiten, wie im *Pop Wuj* [2], dem heiligen Buch der Quiche-Maya, beschrieben:

> Oh Gott, mein Vater, meine Mutter,
> Herr der Hügel und Täler,
> Geist der Wälder, sorge für mich.
> Ich werde tun, was ich stets getan habe.
> Ich werde dir meine Opfergaben bringen.
> Ich möchte, daß du weißt, daß ich dich verletzen werde,
> doch bitte, laß mich gewähren.
> Ich werde dich beflecken,
> deine Schönheit zerstören,
> dich bepflanzen, damit ich leben kann.

Religion wird heute in Guatemala in einer ganz besonderen Weise gelebt. Die äußeren Manifestationen scheinen auf einen religiösen Synkretismus zu verweisen, doch eingehendere Untersuchungen zeigen, daß viele der religiösen Werte, die die katholische Kirche den Maya mittels Doktrin und Gewalt aufzuzwingen versuchte, nur oberflächlich akzeptiert wurden.

Die zutiefst verankerten Glaubensgrundsätze paßten sich lediglich neuen Umständen an und erschufen Widerstandsstrategien zur Selbsterhaltung. Zu recht könnte man sagen, daß »angesichts der Abstraktionsstufe der amerikanischen kosmogonischen Religion sich der Katholizismus entwaffnet sah und daher unfähig war, [diese Religion] an ihren Wurzeln anzugreifen.«[3]

Die seit undenklichen Zeiten bedeutendste Zeremonie ist das Neujahrsfest der Maya, *wajchakib batz*. Abertausende von Menschen nehmen an diesem Ritual teil und weisen sich dadurch als kulturelle Erben der Großen Maya aus. Dieses Jahrtausende alte naturreligiöse Ritual, in dessen Verlauf die Natur, das Herz des Himmels und die Erde in einer Welt beschworen werden, die durch den rapiden Verfall der natürlichen Ressourcen gezeichnet ist, findet in speziell für die Zeremonie errichteten Höhlen- und Felsentempeln sowohl im Landesinneren als auch in den Randgebieten größerer Städte statt. Das Ereignis ist aus drei Gründen bedeutsam: Erstens wegen der außergewöhnlich steigenden Zahl von Menschen, die trotz des Widerstandes von seiten des Staates und der Kirchen (Katholiken und Protestanten) an dem Ritual teilnehmen, wodurch das Ritual allmählich aus seinem Schattendasein, das es bis vor wenigen Jahren führte, heraustrat. Zweitens begann diese Feier Bevölkerungsteile einzubeziehen, die einen bestimmten – auch akademischen – Grad an Bildung und sozioökonomischem Status besitzen. Dies widerlegt die Behauptung, nur Ungebildete und Arme würden die Zeremonie praktizieren, wodurch die Begriffe von Heidentum und Scharlatanerie, die auf die religiösen Gebräuche eines Großteils der Bevölkerung angewandt wurden, in Frage gestellt werden. Und letztendlich bilden die Anbetung der Natur und der Respekt ihr gegenüber sowie die Unterordnung des Menschen unter die Natur (nicht umgekehrt, wie in der Religion, die die Konquistadoren aufzwängen wollten) den religiösen Kern.

Zu Beginn der siebziger Jahre des vergangenen Jahrhunderts nahmen die Einführung der Industrie und der Anbau des Kaffees in Guatemala ihren Anfang und eröffneten damit den Prozeß der kapitalistischen Industrialisierung, die seitdem die Beziehung zur Natur bestimmte. Der Kaffeeanbau erfordert ausgedehnte Oberflächennutzung und führt daher unausweichlich zur Aufgabe des gemeinschaftlichen Landbesitzes. Dies wiederum ruft eine Verstärkung der *latifundios* (des Großgrundbesitzes) hervor, wo vorher die *minifundios* (der Kleingrundbesitz) gediehen. Das beste Land landete schließlich in den Händen einiger weniger, und die Ureinwohner waren gezwungen, ihr landwirtschaftliches Nutzungsgebiet auszuweiten und dabei Methoden anzuwenden, die in Widerspruch zu ihrem Weltbild stehen, wie die Brandrodung oder der Hanganbau. Die feudalistische Landwirtschaft und der zerstörerische Prozeß der Industrialisierung schufen eine Wirtschaftsbasis, die das Streben nach Profitmaximierung förderte und dadurch rücksichtslos gegen die Natur war. Die irrationale Ausbeutung der natürlichen Ressourcen in Verbindung mit den durch die Urbanisierung hervorgerufenen Umweltproblemen führte zum Verfall der Böden, zu Luft- und Wasserverschmutzung, zum Verlust der Artenvielfalt, zu Klimaveränderung sowie der unzureichenden Müllbeseitigung.

All dies läßt sich auf einen gemeinsamen Nenner bringen: Diejenigen, deren Haltung zur Natur und ihrer Ressourcen auf Respekt basiert, sind am schlimmsten betroffen, folglich besteht ein bedeutender Zusammenhang zwischen der Vernichtung der Lebensgrundlagen der Maya und der Zerstörung der Natur. Gleichzeitig zwingt die Not die Bauern derart in Konflikt mit Mutter Erde, daß heute beide einen gewaltigen Überlebenskampf ausfechten.

Dieser Prozeß zeigt sich im Bereich der Landwirtschaft im Verschwinden riesiger Waldgebiete, die den Weg frei machen zur Ausbeutung der Hölzer und dem Anbau von Pflanzen wie Baumwolle, Bananen, Kaffee oder Kardamon, die einer intensiven Behandlung mit chemischem Dünger und Insektiziden bedürfen. Dies schmälerte die Ertragskraft des Bodens und führte zur Ausrottung bestimmter Tierarten. Die Bauern sahen sich gezwungen, ihren Eigenbedarf an Getreide an Berghängen zu pflanzen, die so steil und unzugänglich sind, daß man, wie sie sagen, mit Blasrohren pflanzen und mit Helikoptern ernten muß.

Die in Guatemala weitverbreitete Nutzung von Holz als Energiequelle ist ein herausragendes Beispiel zur Verdeutlichung dieser Situation. Die Bauern sind vom Holz nicht nur zum Kochen abhängig, sondern benötigen es auch als weitere Einnahmequelle, um ihr geringes Einkommen zu ergänzen. Das Gesetz verfügt Strafen gegen diejenigen, die ohne Genehmigung Bäume fällen, doch seltsamerweise erhalten die kleinen Bauern keine Einschlagkonzessionen, während die grossen Gesellschaften aufgrund mangelnder Kontrolle regelmässig ihre Einschlagquoten um das Zehnfache überschreiten. Auf diese Weise sehen sich diejenigen, die nur wenig Holz fällen, als Gesetzesbrecher finanziellen Strafen ausgesetzt. Während der zum Überleben der Bauern vorgenommene Holzeinschlag bestraft wird, akzeptiert das System andererseits inzwischen, daß die großen Unternehmen Holz fällen, um Fabriken und Städte zu beliefern. Guatemala bietet darüber hinaus finanzielle Anreize (wie Steuererleichterung und andere Vorteile) zur Wiederaufforstung, weshalb sich die großen Konsortien aus industriellen Gründen der Wiederaufforstung verschreiben. Dies hatte zur Folge, daß die Kommunalbehörden zahlreiche indigene Gemeinden enteigneten und das Land den Großunternehmen übergaben.

Auch die Berge wurden in diesen Prozeß einbezogen und ihres Baumbestandes beraubt, um so Platz für die Anpflanzung von neuen Bäumen zu schaffen, die von der Holzindustrie genutzt werden können, was dazu führte, daß sich die Gemeinden dem Problem gegenübergestellt sahen, wo sie Holz finden konnten. Jetzt müssen sie weite Strecken zurücklegen, da die Holzfirmen ihnen den Zugang zu den Bergen untersagen. Angenommen, die Ausbeutungsgenehmigung wurde großen Unternehmen auf 50 Jahre erteilt, so ist es unmöglich zu beurteilen, welche Vorzüge dieses System bieten soll. Es ist jedoch klar, daß die angrenzenden Gemeinden an den umfangreichen Veränderungen in ihrem Produktionsbereich leiden und ihr Überleben dadurch bedroht ist.

Ein weiterer neuer Faktor, der durch diese Ausbeutungsform hervorgerufen wird, ist die erhöhte Lawinengefahr und die damit verbundene Zerstörung. Als Ergebnis der Erosion in Folge der Vernichtung der bislang als Erosionsschutz wirkenden Wälder sind die meist auf den Hochplateaus am Fuß der Berge lebenden Menschen, sobald der Regen einsetzt, von Schlamm- und Steinlawinen bedroht.

Selbst der zur Deckung des industriellen Bedarfs vorgenommene Wasserentzug kann sich verhängnisvoll auswirken. Anfang 1991 wurden in der Stadt Zunil, einer der traditionellen Siedlungen der Quiche, 25 Menschen durch einen Erdrutsch getötet. Ausgelöst wurde das Desaster durch die Explosion eines Brunnens, den die Staatliche Geothermische Energiegesellschaft gebohrt hatte. Deswegen sagen die Leute heute: »Du darfst die Berge nicht berühren.«

Der ökologische Verfall der Städte steht in engem Zusammenhang mit der Industrialisierung und den internen Migrationsmustern. Einige Experten sind der Auffassung, »Umweltzerstörung ist keine Folge menschlichen Fortschritts, sondern vielmehr ein Merkmal bestimmter Wirtschaftsentwicklungsmodelle, die in ökologischer Hinsicht nicht regenerierbar, unausgeglichen und sozial ungerecht sind«[4]. Diese Beschreibung paßt auf Guatemala wie angegossen. Als Ergebnis äußerst protektionistischer Maßnahmen von seiten der Regierung konnte sich hier eine Industrie aus nahezu unabhängigen Unternehmen entwickeln, die auf Billiglohnkräfte zurückgreifen können, die aus früheren Kleinunternehmen herausgedrängt wurden. Wie in anderen lateinamerikanischen Ländern, hatte die Landflucht eine ständig zunehmende, konzeptionslose Verstädterung zur Folge, die völlig ohne den Aufbau eines sozialen Netzes vonstatten ging. Aufgrund der wirtschaftlichen Misere und der anwachsenden Gewalt, unter der vor allem die Landbevölkerung leiden muß, hat sich die Verstädterungsrate in den letzten Jahren beschleunigt. In den meisten größeren Städten, wie auch der Hauptstadt, in der 25% der Gesamtbevölkerung leben, zeigte sich ein Anstieg der Probleme wie Überbevölkerung, Kriminalität, Prostitution, Arbeitslosigkeit, soziale Isolation etc..

Abgesehen von den Wohngebieten erlebten alle Städte Trinkwasserknappheit, Mängel im Abwassersystem, verbunden mit Wohnraummangel, Engpässen in der elektrischen Energieversorgung sowie unzureichende Gesundheits- und Bildungseinrichtungen.

Die Abwanderung in die urbanen Zentren läßt sich auf drei Ursachen zurückführen:

1. Enteignete Maya-Farmer, denen aufgrund der Erweiterung des Großgrundbesitzes kein Land zum Anbau übrig blieb;
2. Maya-Bauern, die aus ihren Gemeinden herausgerissen wurden, um ihren Militärdienst zu leisten und in ein System gepreßt zu werden, das der Staat zum Erhalt des Status quo als nötig erachtet;
3. Maya, die sich unerwartet in den Bürgerkrieg zwischen Armee und Guerilla hineingezogen sehen. Die Maya werden von beiden Seiten gleichermaßen als menschliche Schutzschilde mißbraucht und leiden daher unter dem direkten Einfluß der institutionalisierten Unterdrückung, die im ganzen Land regiert, ein System, das untrennbar vom kolonialen Prozeß ist, der vor 500 Jahren begann.

Wenngleich es keine entsprechenden Statistiken gibt, sind doch offensichtlich die Identität und die Kosmovision der abwandernden Menschen beeinträchtigt, die sich der ideologischen Macht des Staates anpassen, so daß sich ihr Verhältnis zu Umwelt und Natur verändert. Regierungsvertreter und Politiker zeichnen ein Bild des Egoismus und Ethnozentrismus, das weder einer rationalen Nutzung der Ressourcen Bedeutung beimißt noch die Menschen berücksichtigt, die am Rande der größeren Städte leben. Dies erklärt, warum Müll, Abwasser und Industrieabfälle ohne Rücksicht auf die Sicherheit und Rechte der dortigen Menschen in ländliche Gebiete abgeleitet werden.

Chinuatla, eine kleine Pokoman-Stadt, deren Töpferkunst bis in vorspanische Zeiten zurückreicht, liegt am Ufer eines Flusses, der heute als Abwasserkanal der nun 15 Kilometer entfernten Hauptstadt dient. Die Stadt wurde praktisch unbewohnbar, da der Boden aufgrund der Wasserverschmutzung nahezu völlig zerstört wurde. Häuser und Parks verfallen und sinken ab, da der Fluß über die Ufer getreten ist.

Ungeachtet dessen weigern sich die Bewohner wegen ihrer starken sozio-religiösen Bindung zum Land, ihre Häuser aufzugeben. Es ist Brauch bei den Maya, die Nabelschnur eines Neugeborenen im Hause der Eltern zu begraben, in der Hoffnung, das Baby werde als Erwachsener die Bedeutung des Heims und die Abhängigkeit vom Land verstehen. Daher ist es für sie schwierig, den Ort ihrer Geburt zu verlassen, selbst wenn die Umstände alles andere als günstig sind. Die Regierung bemüht sich in keinster Weise um eine Lösung der Probleme jener Städte, die wie Chinuatla an den Ufern von Flüssen liegen, die ins Meer fließen. Das dreckige Wasser, das die Städte ausspucken, hat die Flüsse vergiftet, auf die die Bevölkerung, meist Ureinwohner, zur Deckung ihrer Grundbedürfnisse angewiesen ist.

Viele behaupten, die Maya lebten glücklich unter den augenblicklichen Umständen von Armut, Unwissenheit, unzureichender Gesundheitsvorsorge und Landmangel, da wir weiterhin unseren sozialen und wirtschaftlichen Gewohnheiten nachgehen, die von Zeremonien begleitet werden und reich an Unterhaltung, Musik, Farbenpracht und Tanz sind. Man betrachtet uns als folkloristisch und pittoresk. Die Maya haben stets Gelegenheit zu Zeremonien, sei es anläßlich von Beerdigungen oder Hochzeiten. Dies bringt manche auf die Idee, wir würden die gegenwärtigen Zustände akzeptieren, doch die Realität straft solche Urteile Lügen, denn unser Volk kämpfte ohne Unterlaß für sein Überleben. Während der letzten 500 Jahre wurden unsere Forderungen nach Land und unser Protest gegen Mißbrauch und Ungerechtigkeit mit aller Gewalt unterdrückt, doch geht der Widerstand auf verschiedenen Ebenen und in diversen geographischen Regionen weiter. Unsere Forderungen sind Teil eines alternativen Sozialmodells, das eine Wirtschaftsentwicklung vorsieht, die sich mit der Erhaltung der Natur vereinbaren läßt.

Die Maya wurden von der Staatsführung ebenso ausgeschlossen wie von der Umsetzung nationaler Strategien, die ihre Philosophie zum Ausdruck bringen. Der Staat verweigert den Gewohnheitsrechten der Maya und unserer Form der sozialen Organisation, die in ländlichen Gemeinden ihre Gültigkeit bewahrt hat, die Anerkennung. Wir glauben, daß jedes Konzept, das eine Lösung der Umweltprobleme anstrebt, die Veränderungen hinsichtlich des Grundbesitzes anerkennen muß. Das wichtigste ist die Erhaltung und Förderung der Überreste des indigenen Kollektivbesitzes, den der Staat hinwegfegen will, um so das wenige Land, das geblieben ist, auf den Markt zu werfen. Gleichzeitig muß das Problem der Armut, das 80% der Bevölkerung betrifft, überwunden und eine Dezentralisierung erreicht werden, um die beständige Konzentration von Macht, Ämtern und Investitionen aufzubrechen, weil sie den Interessen der Landgemeinden zuwider läuft.

Umweltschutzprogramme sollten sich weniger auf Technologie und Ausbildung stützen als auf eine effektivere Beteiligung der Gemeinden in diesem Konzept. Nur auf diese Weise können wir den technokratischen Standpunkt überwinden, der die Probleme lediglich an der Oberfläche berührt und versäumt, sich mit deren Wurzeln und Ursachen zu befassen. Ebenso ist es notwendig, das nationale Erziehungssystem und die öffentlichen Bildungsprogramme zu reformieren, da diese die ländlichen Gemeinden nur partiell erfassen. Beispielsweise ist die Sprache der Bildungskampagnen Lichtjahre von jenen Maya entfernt, die nur ihre Muttersprache beherrschen. Diese Kampagnen enthalten Botschaften, die nur schwer zu entschlüsseln sind und in Widerspruch zu unseren Glaubensgrundsätzen, Interessen und Bedürfnissen stehen. Meist findet der Unterricht in Spanisch statt, und zweisprachige Bildungsprojekte berücksichtigen selten die Vielfalt der Dialekte, die in unserem Land existieren. Wie kann man hoffen, Verständigung durch das schriftliche Wort zu erreichen, wenn der größte Teil der Landbevölkerung Analphabeten sind? Wie soll ein Kind, das nur seine Muttersprache beherrscht, etwas begreifen, wenn die Schule es zwingt, spanisch zu lernen, und es über Sandwiches, Videorecorder, Kanalisation, Kabel oder Toilettenpapier sowie Häuser im nordamerikanischen Stil und blonde Kinder unterrichtet?

Doch am wichtigsten ist, daß alles in den politischen Kontext eingebettet werden muß. Solange die Maya zwar eine demographische Mehrheit, doch nur eine politische Minorität stellen, wird die angestrebte umweltverträgliche Entwicklung aus folgenden Gründen unmöglich sein:

1. Entwicklung muß auf Frieden basieren, in einer partizipatorischen, repräsentativen Demokratie.

2. Sozioökonomische Probleme, wobei der Umwelt besondere Bedeutung zukommt, sind das Ergebnis von Intoleranz, Ausgrenzung, Profitgier und irrationalem Fortschrittsdenken, das nicht von jedem geteilt wird. Der Fortschrittsglaube war nicht in der Lage, »einer pluralistischen, sozialen Gruppierung, die sich seit dem Augenblick ihrer Befreiung von der Invasion in Opposition begab und Zuflucht innerhalb einer Kultur des Widerstandes suchte, einen Kodex und ein einzigartiges (koloniales) politisches und kulturelles Korsett aufzuzwingen«[5].
3. »Die Logik der kapitalistischen Produktions- und Wirtschaftsorganisation, ebenso wie in der industriellen und produktionellen Ausprägung eines historischen Sozialismus, ist die Akkumulation. Die Logik ethnisch-indianischer Wirtschaftsformen, gleich ob in der Produktion für den heimischen oder begrenzten Markt, ist die der Anti-Akkumulation.«[6]
4. Berücksichtigt man weiterhin die Tatsache, daß in der Kultur der Maya Mutter Erde heilig und der Mensch Teil der Natur ist, dann wird verständlich, warum wir davon ausgehen, daß die Integration der Maya – mit all ihren Werten und Organisationsformen – auf Staatsebene das Fundament einer neuen Gesellschaftsstruktur schaffen wird, das die Voraussetzung für eine harmonische und umweltverträgliche Entwicklung bildet. Die territorialen Ansprüche der Maya und ihre Forderung nach Selbstbestimmung sollten uns allen zum Ziel setzen, den Spielraum zur Entwicklung von Alternativen zum gegenwärtig dominanten Produktionsprozeß zu erweitern.

Schlußfolgernd bleibt zu betonen, daß das letzte Wort noch nicht gesprochen ist. Wir müssen erst den Ureinwohnern Gehör schenken, bevor es möglich ist, eine neue Gesellschaft zu entwickeln, die den offensichtlichen Widerspruch zwischen wirtschaftlicher Entwicklung und Umweltschutz lösen kann.

Anmerkungen:

[1] Carlos Guzman Bockler, »Donde Enmudecen las Conciencias«, Mexico City: Secretaria de Educacion Publica, 1986

[2] »Pop Wuj« ist der korrekte Titel des Buches, das unter der Bezeichnung »Popol Vuh« weite Verbreitung fand. Letzterer ist der Name, der den Berichten der Quiche-Maya gegeben wurde, als sie ins Spanische übersetzt wurden. Der Begriff »popol« besitzt keine Bedeutung in der Sprache der Maya, während »pop« eine Grasmatte, auf der die Frauen knien, bezeichnet, die im Haus und für Zeremonien verwendet wird. »Pop« wird aus Pflanzenfasern hergestellt, die zu einem dichten Netz verwoben werden, analog dem Denken und Verstehen innerhalb der Maya-Kosmovision. Folglich bedeutet Pop Wuj ein Buch des Verstehens, der Wissenschaft und Weisheit.

[3] Thompson, Eric S.: »Historia y Religion de los Mayas«, Mexico City: Editorial Siglo XXI, 1986

[4] Castaneda, Ana Cristina: »El Deterioro del Medio Ambiente Nos Afecta a Todos«, in: Siglo XXI (13.,17.,18. Dezember 1990), Guatemala

[5] Varese, Stefano: »El Rey Despedazado«, zitiert in: »Utopia Y Revolucion«, Mexico: Editorial Nueva Imagen, 1981

[6] Varese, Stefano: ebenda

Singe das Lied der Stimme des Waldes

von Marcos Terena

(Terena/Brasilien)

Marcos Terena wurde in einem kleinen Dorf im Pantanal, Brasiliens Mato Grosso del Sur, geboren. Er verbrachte dort seine Kindheit und erfuhr erst von der Existenz von reich und arm, als er sein portugiesisches Studium aufnahm.

Terena war Gründer und Präsident der Union der Indigenen Nationen Brasiliens, der ersten Organisation, die auf nationaler Ebene gegründet wurde, um die Rechte der indigenen Völker zu verteidigen. Er ist augenblicklich Hauptkoordinator des stammesübergreifenden Intertribal 500 Years of Resistance Committee.

Terena ist Leitfigur der National Indian Foundation (FUNAI), *einer Regierungsorganisation. Dieses Betätigungsfeld ermöglichte ihm Kontakte und Beziehungen mit indigenen Vertretern im ganzen Land. Er arbeitet unermüdlich in der Öffentlichkeitsarbeit, um über die Situation der Ureinwohner aufzuklären und ihre Rechte zu verteidigen.*

Vor mehr als 400 Jahren wurden die Worte eines alten Tupinamba von Jean de Lery, einem Begleiter des französischen Befehlshaber Villegagnon, der gegen die Portugiesen und Holländer um die Kontrolle über die indigenen Meere und die Eroberung des Landes von Pau-Brasilien[1] kämpfte, aufgezeichnet.

Ein alter Indianer fragte mich einmal: »Warum kommst du von so weit her, um Holz zum Heizen zu suchen. Hast du auf deinem Land kein Holz?«

Ich erzählte ihm, daß wir viel davon hätten, doch nicht in dieser Qualität, und daß wir es nicht verbrannten, sondern Farbstoffe daraus entnehmen würden. Ich fügte hinzu, daß wir in unserem Land Händler hätten, die mehr Kleider, Messer, Scheren, Spiegel und andere Waren besäßen, als er sich jemals vorstellen könnte, und daß einer der Händler Pau-Brasilien zum Preis vieler Schiffsladungen gekauft hatte.

»Ah«, sagte der Wilde, »du erzählst mir Wundergeschichten ... aber dieser reiche Mann, von dem du erzählst, wird er nicht sterben?«

»Doch, er wird sterben wie jeder andere.«

»Und wenn er stirbt, wem wird er all seinen Besitz hinterlassen?«

»Seinen Söhnen, wenn er welche hat.«

»Nun«, fuhr der Tupinamba fort, »ich sehe, daß ihr alle verrückt seid. Ihr überquert die Meere, erduldet allerlei Unbill und arbeitet so hart, um Reichtümer anzuhäufen, die ihr euren Söhnen und denen, die nachkommen, hinterlaßt. Erzähle mir doch nicht, daß das Land, das ihr nährt, nicht auch euch ernähren kann? Wir haben unsere Väter, Mütter und Söhne, die wir lieben, doch glauben wir, daß die Erde, die uns genährt hat, wenn wir sterben, auch sie ernähren wird. Und so können wir ganz beruhigt sein.«

Es müssen sicherlich solche Erlebnisse gewesen sein, die das Interesse von großen Schriftstellern und Philosophen wie Montaigne, Erasmus und Thomas Morus weckten – oder Erfahrungen von einfachen Menschen, Menschen, von denen man glaubte, es würde ihnen an allem fehlen, und die doch große Meister dieser besonderen Weisheit hinsichtlich der essentiellen und universellen menschlichen Bedingungen waren: die Erfahrung einer sozial harmonischen, egalitären Lebensweise ohne größere Konflikte.

Doch die Neugierde der Philosophen und Humanisten konnte den Lauf der Geschichte Brasiliens und anderer, von den europäischen Kolonisatoren besetzten Gebiete nicht aufhalten: nämlich die Versklavung und Unterdrückung der indigenen Völker, die in manchen Fällen das Ausmaß der Ausrottung erreichte. Die sechs Millionen Ureinwohner, die ursprünglich das Land besiedelten, wurden auf eine Zahl von heute 240 000 dezimiert, eine Gruppe, die gerade noch die weltgrößte Fußballarena, das Maracana-Stadion, füllen würde. Dennoch können uns diese entwürdigten und verarmten »Überreste von Völkern« 500 Jahre später immer noch viel über die Spielregeln des Zusammenlebens lehren, wie auch über politische und soziale Tugenden, die von der Gesellschaft des 20. Jahrhunderts, die in Bruderkriegen und extrem gewalttätigen Konflikten auseinanderfällt, praktisch vergessen wurden. In Brasilien findet sich das Wunder der Xinguana-Kultur. Trotz der linguistischen Vielfalt ihrer siebzehn Völker, die noch in ihren traditionellen Lebensräumen leben – einer ökologischen Oase im Herzen des Zentralgebietes –, gelingt es den Xinguana, durch Gruppenaktivitäten wie *kuarup* und *moitara* integrative Kulturformen zu fördern. Ersteres ist ein Tauschhandelsritual und das zweite ist die Definition von Rechtsprechung durch intertribalen Kampf; beide Gebräuche ersetzen Konflikte durch zeremoniellen Austausch und sportlichen Wettkampf.

Die indigenen Völker wurden »die großen stillen Völker der Geschichte« genannt. Selten erreichen ihre persönlichen Zeugnisse die westliche Welt. Der ihnen aufgezwungene Kolonialismus und der sündhafte Katechismus ließen sie verstummen und stellten sicher, daß das, was berichtet wurde, die ärmliche, kurze, entstellte Historie ist, die ein gewisser Graf von Araguaia als »Geschichte der Eroberer« beschrieb.

Heute wurde das uns aufgezwungene Schweigen durch die Worte von indigenen Führern und Gesetzgebern gebrochen, auch wenn die eloquentesten und bedeutendsten unter ihnen gewaltsam zum Verstummen gebracht wurden, darunter Angelo Kretan, Marcal Tupa-i und Hibes Wassu, die alle im Kampf um die Wiedergewinnung des Landes für ihr Volk ermordet wurden.

Kretan war der *cacique* (Prinz) und politische Führer des Kaingang-Volkes, das im Süden Brasiliens lebt. Marcal, Häuptling der Guarani, die an der Grenze zwischen Brasilien und Paraguay leben, war einer der geistigen Führer der *Union of Indigenous Nations.* Marcal war jener brasilianische Indianer, der 1980 mit Papst Johannes-Paul II zusammentraf und bei dieser Gelegenheit seine eigene Ermordung vorhersagte. Hibes, politischer Führer des Wassu-Volkes und Mitbegründer der Union of Indigenous Nations, wurde 1991 an der brasilianischen Nordostküste von Kämpfern ermordet, die die Uniform der Alagoas-Staatspolizei trugen. Daher ist es notwendig, denjenigen Führern Gehör zu schenken, die das Glück hatten zu überleben.

Vor nicht langer Zeit kam ein Terena-Häuptling in die brasilianische Hauptstadt auf Besuch zu uns, sein erster Besuch in einer größeren Stadt. Kaum waren wir auf die Straße getreten, als uns bewußt wurde, daß er kein Geld besaß, und so begleiteten wir ihn zu einer »elektronischen Bank«, um ihm die Technologie des weißen Mannes und seiner Geldmaschinen vorzuführen. Zu unserem großen Erstaunen fanden wir, als wir die Tür der Kabine öffneten, einen elenden, verwahrlosten Jungen von sechs oder sieben Jahren vor. Er sagte kein Wort, doch schien sein Blick Verzeihung zu erflehen, daß man ihn nicht in seinem Haus, sondern im Haus des Geldes entdeckt hatte. Einige Stunden später bat uns der Häuptling um weitere Erklärungen, gerade so, als ob er nicht glauben konnte, was er gesehen hatte. Dann sagte er: »Ich rate niemandem, sich den Gedanken des Zivilisierten zu öffnen. Er besitzt Fernsehen, Telephone, Autos und riesige Gebäude, doch ist er unfähig, den Kindern Heim und Nahrung zu geben. Wir kommen aus den Dörfern und haben keine solchen Reichtümer. Wir jagen, fischen, pflanzen und beschützen unseren

Lebensraum, und die Kinder waren stets im Zentrum unserer Aufmerksamkeit. Wenn unsere Kinder auf diese Welt kommen, wird unser Volk wiedergeboren. Wenn dies nicht mehr möglich ist, sind wir am Ende. Als der weiße Mann in unser Dorf kam, sprachen wir mit ihm, und er gab uns Geschenke, um uns in eine neue Form der Zivilisation zu locken. Doch das war alles falsch, denn wir leben hier nicht von Geschenken. Und daher frage ich mich oft: Was bedeutet es, zivilisiert zu sein? Was heißt es, reich zu sein? Was besagt es, entwickelt zu sein?

Die Schulbücher lehrten unsere Kinder die Geschichte der »heroischen« Domestizierung der wilden Brasilianer und erzählten die Geschichte, daß ein gewisser portugiesischer Abenteurer, nachdem er festgestellt hatte, daß die Indianer kein Interesse an Goldminen oder Geld bekundeten und noch weniger geneigt waren, den Invasoren diese Goldadern zu zeigen, den Indianern eines Tages ein Ultimatum stellte. Vor der versammelten Dorfbevölkerung goß er *aguardiente* (einen whisky-ähnlichen Alkohol) in einen Behälter und entzündete diesen. Offensichtlich begann dieses »Wasser« zu brennen. Entsetzt enthüllten die Indianer sofort den Ort der Goldvorkommen; für sie war es eines der wichtigsten Dinge, das Wasser, das den Durst stillt, zu behüten und nicht irgendwelche Steine zu sammeln, die vollkommen nutzlos waren und nur dazu dienten, die Weißen verrückt zu machen.

Manchmal fragen wir Ureinwohner uns: Welchen Weg will der weiße Mann einschlagen?

Einem seltsamen Zwischenfall folgend, befindet sich der Kolonisator heute, exakt 500 Jahre nach der ersten Begegnung zwischen der amerindianischen und der westlichen Zivilisation – wer weiß, ob es nicht das letzte Läuten der Alarmglocken ist –, an einem Scheideweg: Er kann nicht länger die Augen verschließen vor dem riesigen Ausmaß der Zerstörung und Ressourcenverschwendung, das Modernität und technologischer Fortschritt nach sich ziehen. Es geht nicht mehr um die Bereicherung des Menschen, sondern um das nackte Überleben von Mensch und Erde. Die große Frage ist jedoch, wie man das Überleben in einer Welt sichern will, in der die technologischen Wirklichkeiten tagtäglich das Leben der Menschen, selbst in unseren eigenen vier Wänden, beherrschen.

Die indigenen Völker konnten beobachten, wie die »zivilisierten« Völker kamen und gingen, aber jetzt, da die Vereinten Nationen die Frage einer regenerierbaren Entwicklung diskutieren, können wir nicht länger schweigen. Stets war die verträgliche Entwicklung seit mehr als 500 Jahren Basis unserer Lebensweise. Darum wollen wir das Wort ergreifen, doch wollen wir nicht nur sprechen, wir wollen auch, daß man uns zuhört.

Wir nehmen die gegenwärtige Besorgnis der Welt hinsichtlich dessen ernst, vor dem wir immer gewarnt haben. Seit langem sind wir uns schon des zerstörerischen Weges bewußt, der durch den gierigen Prozeß der Zivilisation eingeschlagen wurde; wir wissen, es handelt sich nicht um Visionen oder Weissagungen, sondern eine Tatsache, die nun erhärtet wird. Die Welt braucht eine neue Lebensform.

Nachdem wir die Erde – den Boden, das Wasser und ihr Innerstes – verwüstet haben, richtet die Technologie nun ihren Blick auf den Himmel und die Sterne und stört das Gleichgewicht des Kosmos, indem im Namen des Friedens riesige Fundamente für den Krieg gelegt werden.

Schon bevor die Europäer sich auf den Weg zu neuen Eroberungen begaben, deuteten die Ureinwohner seit Jahrhunderten die Zeichen der Zeit und glaubten, daß die Erde uns wie Muttermilch ernährt und unser Leben in einem perfekten Kreis zwischen Menschen, Umwelt und Kosmos verläuft. Die Ureinwohner waren fähig, das Wunder der Natur zu entschlüsseln, und schufen eine Lebensform, die der »zivilisierte« Mensch niemals in der Lage war zu verstehen, gleich ob in materialistischer oder spritueller Hinsicht.

Die indigenen Völker vererbten dieses Verständnis über Generationen hinweg von den Eltern auf die Kinder. Doch zwang uns die Ankunft der neuen Zivilisation, unsere Verhaltensweise zu ändern, neue Kleidung, Eßgewohnheiten und Religionen zu übernehmen. Erst später entdeckten wir, daß dies eine innerlich gebrochene Zivilisation war, da sie das Wesentliche des natürlichen Menschen, seines Geistes, seiner Seele beiseite geschoben hat.

Die Zivilisation des weißen Mannes zwang uns auch, kommerzielle, wirtschaftliche und soziale Werte, von denen wir nichts wußten, wie etwa dem Unterschied zwischen reich und arm, zu übernehmen. Später erkannten wir, wie trügerisch und abscheulich diese neuen Ideen waren, da sie zu sozialer Misere und Entwürdigung führten: die aufgezwungene Entwicklung nutzte einigen wenigen auf Kosten vieler.

Die Fassaden der schönen Städte bergen ungeheure Industrien, die giftige Gase ausspucken und uns zunehmend die Luft zum Atmen nehmen. Schadstoffe zerstören die Flüsse und Meere, lassen das Wasser für Menschen, Vögel und Tiere untrinkbar werden. Ich erinnere mich an den Tag, als wir in die am stärksten verschmutzte Stadt Brasiliens fuhren, die im reichsten Bezirk des Landes liegt. Obwohl es heller Tag war, sah es aus, als wäre es Nacht, als wir zum Himmel emporblickten. Stück für Stück hatten Feuer und Rauch den blauen Himmel verdunkelt.

Entwicklung ist für uns, die Familie der indigenen Völker, nicht nur eine materielle, sondern auch eine spirituelle Frage. Stets versuchen wir, auf dem schmalen Pfad zwischen Materie und Spiritualität zu bleiben. Selbst unter Einsatz unseres Lebens versuchten wir den Nicht-Ureinwohnern dies zu erläutern, denn dies ist etwas, das sie lernen müssen. Sie müssen dieses Gleichgewicht wiederfinden, um mehr Mensch und weniger Maschine zu werden. Der moderne Mensch läuft Gefahr, dies erst zu erkennen, wenn es bereits zu spät ist, wenn ihm nichts übrig bleibt als die Wüste seiner Illusionen; er muß eine Natur wiederentdecken, die für das Wohlbefinden geschaffen wurde, nicht aber um lediglich als Profitquelle zu dienen, und er muß lernen, das Grün der Wälder nicht gegen das Grün des Dollars einzutauschen.

Seit fünf Jahrhunderten hat sich der »zivilisierte« Mensch stur geweigert, unsere Philosophie zu verstehen oder zu respektieren. Mitunter fanden manche unsere Ideen recht nett, doch lediglich als Poesie und nicht als eine Lebensweise; andere wiederum hielten unsere Ideen für unrealistisch oder utopisch. In Wirklichkeit waren unsere Aussagen eindeutig, so natürlich wie das Leben selbst, und schon Kinder konnten sie verstehen. Es geht nicht um das schlichte Vorschlagen einer

Alternative, sondern um praktische Beispiele, damit unsere Nachkommen diese Wahrheiten ihr ganzes Leben lang bewahren und eines Tages an ihre Nachkommen weitergeben können.

Eines Tages kam ein Student, ein Zukunftsexperte und »Indianerspezialist«, in unser Dorf. Er wollte das Verhalten der Ureinwohner als Teil seiner Doktorarbeit studieren und analysieren. Am nächsten Morgen wurde er von einem alten Krieger eingeladen, einige andere Dörfer zu besuchen, die eine Tagesreise entfernt lagen. Nachdem sie einen halben Tag gelaufen waren, entschlossen sich die beiden, an einem ruhigen Ort Rast zu halten. Die Neugier des jungen Mannes trieb ihn, sich umzusehen, und er fand sich an einem bestimmten Punkt plötzlich einem Tapir gegenüber. Mit dem Instinkt des Jägers zückte er sein Gewehr und zielte. Als er gerade dabei war, abzudrücken, hinderte ihn der alte Krieger mit folgenden Worten: »Warum willst du den Tapir töten? Bist du hungrig? Was hat er dir getan?« Und der Indianer fuhr fort: »Vielleicht hast du das nie in der Schule gelernt, aber wir glauben, daß alles Leben im Wald eines Tages für unser Überleben nützlich sein könnte. Wenn wir beispielsweise morgen hungrig sind oder ein anderes Dorf zu einem Fest einladen wollen, werden wir wissen, wo wir suchen müssen. Der Wald liefert uns Nahrung und Baumaterial. Der Wald ist auch unser spiritueller Tempel, hier erweisen wir dem großen *itu-ko-oviti,* der alles geschaffen hat, unsere Ehre.«

Heute macht man sich um das Überlebens des Planeten Erde große Sorgen. Diese Ängste beruhen auf wissenschaftlichen Erkenntnissen, daß der Mensch seine eigene Arche des Überlebens zerstört, insbesondere den Amazonas, ein natürliches Reservoir an Mineralien, Nahrung und Wasserreserven, ein Refugium der Artenvielfalt. Gerade in dieser Region werden wirtschaftliche Megaprojekte errichtet, die dem zerstörerischen Einfluß, den sie auf das Ökosystem ausüben, keine Beachtung schenken.

Direkt im Herzen des Amazonaswaldes lebte ein Volk, das von der Existenz des weißen Mannes nicht einmal wußte, bis sie eines Tages sahen, wie sich riesige Maschinen den Weg bahnten, Bäume zerstörten und Tiere töteten ... der Fortschritt war eingezogen.

Vom ersten Augenblick des Zusammentreffens an mußten die Ureinwohner den Wandel, selbst in ihren Dörfern akzeptieren. Später erklärten sie sich bereit, umzusiedeln, nachdem man ihnen versprochen hatte, ihre Lebensbedingungen würden sich verbessern, doch bald mußten sie feststellen, daß, gleich wohin sie gingen, selbst die Nicht-Ureinwohner bereits von den Großgrundbesitzern auf der Suche nach neuem Land vertrieben worden waren.

Die Parakana leisten heute Widerstand, doch denken sie wahrscheinlich bei jedem Sonnenuntergang an den See, der nun weit entfernt an dem Platz liegt, wo einst das Zentrum ihrer Geschichte und Traditionen war. Dort erhebt sich nun die riesige Wasserkraftanlage von Tucurui, die nicht nur das Land der Ureinwohner überflutete, sondern zum Verlust verschiedener Tier- und Pflanzenarten in dem Gebiet führte.

Dasselbe Schicksal widerfuhr dank des Trans-Amazonas Highways den Parantinis und als Ergebnis des BR-364 Highways auch den Nambiquaras – ein überheblicher Fortschritt, der einer Entwicklungsform entspringt, die den natürlichen Lebensraum von Menschen, Tieren und Pflanzen entehrt und ausbeutet. Die gesamte Amazonasregion erlebte im Namen eines Entwicklungskonzeptes, das in hohem Maße von der Regierung und multinationalen Institutionen wie der Weltbank oder der Inter-American Development Bank finanziert wird, den Bau von Straßen, Wasserkraftanlagen und Plantagen.

Die Ureinwohner, die ersten Opfer dieser Projekte, versuchten stets in Harmonie mit Mutter Erde zu leben. Wir bezeichnen uns selbst weniger als Naturschützer denn als Menschen, die mit den Werten der Selbsterhaltung geboren sind. Wir registrieren die Warnsignale, die die Natur aussendet, Zeichen wie Klimaveränderung, Geschmack des Wassers und die traurigen Lieder der Vögel.

Bei den Versammlungen unseres Dorfes haben wir viel über die Lebensweise des weißen Mannes nachgedacht. Mögen sie uns auch »Wilde« nennen, so waren wir doch immer überzeugt, daß der weiße Mann eines Tages die Botschaft der

Natur hören würde. Dieser Tag ist gekommen; es genügt, daß eine Maschine mit dem Namen »Satellit« Bilder der bitteren Wirklichkeit aufzeichnet, um zu wissen, daß unser Jahrhunderte alter Appell gänzlich verstanden wird.

Dies ließ uns an die Ankunft des weißen Mannes auf unserem Land zurückdenken, als er uns mit seinen sonderbaren Sprachen und Bräuchen eine bessere, eine »zivilisierte« Welt versprach. Um uns seine Lebensweise zu zeigen, verwirrte er uns mit Geschenken und Bräuchen, die wir nicht verstanden, Er wollte uns überzeugen, ihm das Beste, das wir hatten – unsere Häuser, unsere Nahrung und unsere Betten – zu überlassen. Doch eines Tages erkannten wir, daß sich hinter seiner äußeren Freundschaft gewaltige Interessen verbargen, wie die Gier nach Gold, Geld und Holz, auch wenn dies die Zerstörung unserer Freundschaft, unserer Familien und unseres Landes bedeutete. Als wir endlich begriffen, was geschah, war es bereits zu spät, denn sie vertrieben uns bereits aus unseren Häusern, jagten und verfolgten uns wie Verbrecher. Wir mußten allmählich die Sprache und die Wirklichkeit der »Zivilisierten« lernen und sahen nun ein, daß alles Täuschung und Betrug war, nur mehr eine Illusion. Als wir versuchten zu fliehen, wußten wir nicht, wohin wir uns wenden sollten, um nicht an Krankheiten zu sterben, die uns bis dahin unbekannt waren. Dem Fortschritt mußten Opfer gebracht werden, selbst wenn der Preis darin bestand, Völker, Kulturen und Überzeugungen zu begraben, wie wir es jüngst in den Kriegen in der arabischen Welt beobachten konnten.

Wie sieht die Welt des weißen Mannes aus? Was geschieht in seinen Dörfern? Warum ist die Welt trotz all dieser Technologie so krank, hungrig und elend? Warum schenkt dem niemand Beachtung? Fünf Jahrhunderte zwangen uns ein bitteres Schweigen auf, doch nun ist der Augenblick, dieses Schweigen zu brechen, wir können nicht länger stumm bleiben. Die Mächtigen reden von industrieller Entwicklung und Reichtum, doch ist dies ein Reichtum, der Armut und Hunger bringt, der soziale Verelendung und Spaltung zwischen Brudervölkern hervorruft.

Wir Indianer betrachten uns als Menschen des Waldes, und deshalb kämpften wir so entschlossen, um die Umwelt zu schützen und eine Regierungsverordnung zu erreichen, die eine offizielle Anerkennung unseres Territoriums garantiert. Sollte uns dies gelingen, dann können wir das Überleben unserer Dörfer und Familien sicherstellen, werden aber gleichzeitig eine Umwelt schützen, die auch den Menschen in der Stadt Vorteile bietet.

Ureinwohner und Nicht-Ureinwohner müssen die Trennungen – soziale und wirtschaftliche Unterschiede, Vorurteile, Unwissenheit und Fehlinformation – überwinden und gemeinsam beginnen, ein neues Kapitel in der Menschheitsgeschichte zu schreiben. Denjenigen, die diese Haltung als Widerspruch zu unseren Grundsätzen und Werten kritisieren, sei als Antwort eine Lektion, die die Natur selbst bietet, gegeben: Im Amazonasgebiet gibt es zwei große Ströme, einer ist schwarz, der andere rotbraun, die sich treffen und kilometerlang miteinander fließen, ohne sich je zu vermischen; jeder behält seine Farbe. Letztendlich vereinigen sich die beiden und bilden den Amazonasstrom. In der gleichen Weise folgen die Ureinwohner und Nicht-Ureinwohner ihrem eigenen Pfad.

Wir widerstehen trotz all der Massaker (physisch, spirituell und kulturell), und wir werden die Weisungen unserer Väter lebendig halten. Die rationale Nutzung der Umwelt und das Zusammenleben mit der Natur bilden einen Teil des alten Wissens unseres Volkes. Darum sind wir, heute wie früher, reich. Dank unseres tiefen Verständnisses für die Natur war es unseren Vorfahren möglich, Heilmittel herzustellen, die weder Nebenwirkungen noch kommerziellen Wert besaßen; unsere Ernährungsweise wie auch architektonische und technische Formen paßten sich der Natur an. Wir durchleben die Träume unserer Propheten und sind überzeugt, daß eines Tages AIDS, Krebs und Allergien durch Pflanzen, die aus unserem Land kommen, geheilt werden können.

Das neue Modell, das die Menschheit braucht, kann nicht lediglich in einer Neuformulierung desjenigen Konzeptes bestehen, das uns von der »Zivilisation« aufgezwungen wurde. Vor einiger Zeit bereisten wir mehrere Länder, die für ihren hohen Entwicklungsgrad bekannt sind. Anfänglich glaubten wir zu verstehen, wie ein Erste-Welt-Land lebt, doch wir entdeckten schnell, daß auch dort die Menschen einen Drahtseilakt zwischen Unzufriedenheit und Abhängigkeit vollführen. Diese Länder dürsten nach reinem Wasser und sauberer Luft, sie leiden zwar keinen Hunger, doch sie brauchen eine neue Lebensbasis.

Ein *cacique*, der sich nicht um sein Dorf kümmert, wird nie ein guter *cacique* sein und wird es auch nicht länger bleiben, denn er wird ersetzt werden oder sein Dorf wird verschwunden sein. Die *caciques* des weißen Mannes, die Präsidenten, Könige, Bürgermeister, müssen jetzt stärker denn je das Wohl ihrer Leute sichern und eine ökologische Katastrophe verhindern, die den gemeinsamen Lebensraum unseres großen Dorfes bedroht.

Dies wird, sollte man mit den Kindern und dem Erziehungssystem beginnen, in den gewaltigen modernen Stadtzentren nicht schwer zu erreichen sein. Neben Mathematik, Physik und Chemie ist es notwendig, die Menschen mittels der Ökologie als Basistraining über die Umwelt zu unterrichten. Die Gesellschaft als Ganzes muß sich dem Kampf zur Rettung der Umwelt, sprich der eigenen Zukunft, verschreiben. Künstler, Sänger, Schauspieler und Intellektuelle müssen lernen, ihre *bordunas* (Waffen) als Kriegsgerät zur Verteidigung des Lebens einzusetzen.

Wir Ureinwohner waren bislang die Hüter von Mutter Erde. Wir wollen nicht, daß Fortschritt und Wirtschaftsstreben ihr weitere Wunden hinzufügen. Wir wollen im Gegenteil weitere Verbündete finden, Verbündete für das Überleben unseres Planeten.

Unsere Hoffnung ist, die vier Enden der Welt mit unserem Anliegen zu erreichen. Warum soll sich die Welt in reiche und arme Länder, in Erste Welt und Dritte Welt spalten? Mit den Worten des alten Tupinamba: »Dieser reiche Mann, von dem du sprichst, wird er nicht sterben?« Wenn wir ein Land betrachten, das durch seine Technologie, seine Überschallflugzeuge, Panzer und Computerwaffen herrscht und noch mehr Herrschaft will, fragen wir uns: Was ist der Nutzen all dessen? Einzumarschieren, andere Völker zu erobern und zu terrorisieren? Die Souveränität anderer im Namen der »nationalen Interessen« zu verletzen? Wenn wir, Ureinwohner wie Nicht-Ureinwohner, uns trotz aller Unterschiede ohne Vorurteile in die Augen blicken können, dann wird die Medizin der Ureinwohner nicht länger teuflisch oder magisch scheinen, und unsere Kultur und Kunst werden nicht mehr nur Folklore sein. Ebenso wie wir wissen, daß wir auf dieser Erde geboren und sterben werden, sind wir überzeugt, daß die Träume unserer Propheten Früchte tragen und wir das Gleichgewicht auf unserem Planeten erreichen werden, denn Mensch und Natur wurden füreinander geschaffen. Wenn dieser Tag kommt, werden die Indianer, zusammen mit ihrem Verbündeten von morgen, dem weißen Mann, wieder reich sein. Erst dann können wir von wirklicher Entwicklung sprechen und die Sünden und soziale Schuld der letzten fünf Jahrhunderte wiedergutmachen. Zukünftige Generationen werden darauf aufbauen und die Jahrhunderte der Gewalt, Zerstörung und Angst hinter sich lassen.

Und dann ... werden wir wieder ein Volk sein.

Anmerkung:
[1] Die Bezeichnung Pau-Brasilien entstammt von einer ursprünglichen Baumart Brasiliens. Heute ist diese Baumart in weiten Gebieten, in denen sie vor Ankunft der Euopäer im Überfluß vorhanden war, ausgerottet.

Die drei Räume und Zeiten im Quechua-Kosmos

von Salvador Palomino

(Quechua/Peru)

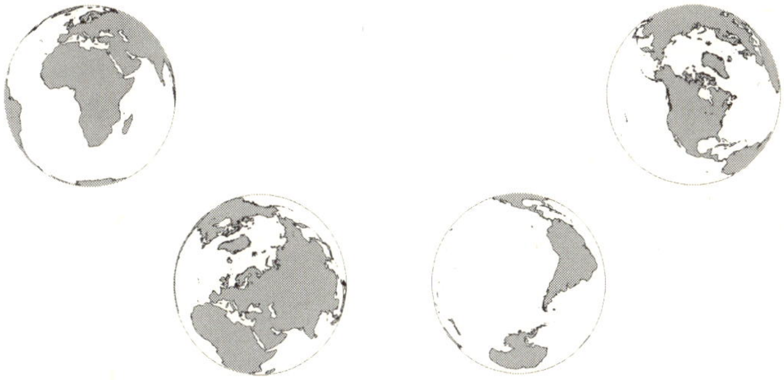

Salvador Palomino ist Anthropologe, Forscher und Journalist, der an der Katholischen Universität von Lima die Quechua-Sprache und die Andenkultur unterrichtet. Er war stellvertretender Generalkoordinator des Indian Council of South America *(*CISA, *Indianischer Rat Südamerikas) sowie Gründer und Direktor des CISA-Reports* Pueblo Indio *(Indianische Völker).*

Die Quechua-Nation besteht nach den Worten von Palomino aus denjenigen, »welche die [Quechua-] Sprache sprechen, die von den Inka Runa Simi *(die Sprache der menschlichen Wesen) genannt wurde. Etwa 15 bis 20 Millionen Südamerikaner sprechen Quechua, selbst wenn einige Linguisten die Zahl mit lediglich neun Millionen angeben. 50 % derjenigen, die Quechua als einzige oder zweite Sprache sprechen, leben in Peru.*

Die große Quechua-Nation umfaßt verschiedene Nationalitäten bzw. Völker. Ich selbst gehöre zum Volk der Puqra. Mein Heimatort ist Tinte, eine kleines Dorf mit 200 verstreuten Häusern am Fuß des Tayta Urqa (heiligen Berges) Santa Trinidad im Bezirk Tambillo in der Provinz Ayacucho. Angriffe durch Guerilla und Armee führten zur Abwanderung der meisten Einwohner von Tinte.«

Für unser Volk der Quechua ist die Religion eine Lebensweise, ein Wissen, ein Verstehen, ein Leben in gegenseitiger Harmonie mit den Kräften der Natur. Wir Indianer vergöttlichen alle Mächte der Natur, nicht weil wir sie fürchten oder etwas Übernatürliches in ihnen sehen, sondern weil wir die Wahrheit ihrer Gesetze kennen und verstehen. Wir behandeln sie mit Respekt und erkennen die Wohltaten an, die sie unserem Leben schenken. Religion selbst, wie auch alle Gebräuche, mit denen wir die heilige *Pacha Mama* (Mutter Erde) verehren, sind Ausdruck einer wechselseitigen Beziehung zwischen Mensch und Kosmos. Daher ist die ökologische Krise heute für unser Volk eine soziale und historische Krise. Wir Ureinwohner wollen nichts anderes als in Einheit mit der Natur leben. Jede Verletzung dieser Gesetze und der physischen Integrität ist ein Akt der Gewalt gegen unsere Gesellschaften und Völker selbst.

Alle Völker der Welt finden ihren Ursprung im gemeinsamen natürlichen Geist. Wir Indianer sind diejenigen, die heute diesen Geist behüten, der trotz der Rebellion und Vorherrschaft des westlichen Systems, das in unseren Augen widernatürlich und egoistisch ist, ein gesamtes Lebenssystem bestimmt.

In der Quechua-Sprache gibt es keine Wörter wie »Religion« oder »Gott«, aber wir gebrauchen sie im Spanischen, um unsere Beziehung zu den göttlichen Wesen, die die heiligen Kräfte der Natur sind, zu beschreiben.

In der großen harmonischen Familie unseres Kosmos ist *Tayta Inti* (Sonne) unser Vater und *Mama Killa* (Mond) unsere Mutter. Dies lernten wir durch ein altes Lied, das folgendermaßen lautet: »Die Sonne ist mein Vater, der Mond meine Mutter, und die Sterne sind meine Brüder.« Wir verehren *Tayta Inti*, da ohne ihre Strahlen kein Leben in dieser Welt möglich wäre, in der gleichen Weise ist *Pacha Mama* unsere Mutter Erde und *Amaru* der Fluß, das Wasser des Lebens; *Wiraqucha* und *Pachakamaq* sind die regulierenden Kräfte des Kosmos, und *Wamani*, *Illa* und *Mallku Kuntur* sind die spirituellen Boten, die sichtbaren Zeichen der Einheit des Menschen mit dem unendlichen Kosmos.

Dem räumlichen Konzept unseres Volkes entsprechend bezeichnet *Uku Pacha* die Eingeweide der Erde. *Kay Pacha* ist die Welt des Präsens, unseres gegenwärtigen Lebens, und *Hanaq Pacha* ist die Welt über uns, der Raum, der Mutter Erde umgibt. In unserer Mythologie gibt es Wesen, die diese drei Welten miteinander verbinden und verknüpfen: *Yaku Mama,* die Mutter des Wassers, und *Sacha Mama,* die Mutter der Bäume. Diese heiligen Wesen nehmen die Gestalt der Schlange an und durchqueren die drei Welten: sie entsteigen der inneren Welt, durchschreiten die Welt des Wassers und erreichen *Hanaq Pacha,* wo sie sich in Strahlen, *Illapa,* und den Regenbogen, *Chirapa,* verwandeln, bevor sie zu *Kay Pacha* und *Uku Pacha* zurückkehren, um die Pflanzen und alle Dinge zu befruchten und ihnen Farbe zu verleihen. (Dieser Glaube wurde ausführlich von unserem weisen Mann Hatun Amawta, Luis Valcarcel, niedergeschrieben.)

Die drei Zeiten und Räume sind Teil der selben Gesamtheit und fügen sich im Kosmos ineinander, wo Leben und Evolution in sich stets verändernden Spiralen fließen. Für die »Kosmovision« der Quechua zeigt sich Einheit im Paar, nicht im Einzelnen. Dieser Glaube faßt die Gesetze der Natur in einem praktischen Ausdruck zusammen. Wir glauben, daß die duale, horizontale und komplementäre Beziehung stets kollektive und gemeinschaftliche Organisationen hervorbringen wird. Es ist dieses Konzept, das die indianische Institution, die mit dem Begriff »wechselseitige Harmonie« beschrieben werden kann, hervorrief und die sich in verschiedenen Ausprägungen zeigt, die wir als *ayni, mink, mita, challay,saminchay* bezeichnen, die alle Manifestationen von *tinku* sind und sich als »Dialektik der sich ergänzenden Gegensätze« übersetzen lassen.

Tinku ist für uns Quechua das oberste Gesetz, das den Kosmos leitet und seine Harmonie fördert. Dieser Glaube ist allen indigenen Völkern gemeinsam und bildet einen Mikrokosmos innerhalb eines Makrokosmos. Das Wissen um dieses oberste Gesetz ist das Kernstück unserer Philosophie. Werden die Prinzipien des *tinku* auf andere Gesellschaften übertragen, gewinnen sie die Gestalt einer Sozialstruktur, die nur kollektiv und gemeinschaftlich sein kann.

Das westliche System hat genau das Gegenteil getan, indem es das Gesetz der sich ergänzenden Gegensätze in einen antagonistischen »Kampf der Gegensätze« verkehrt hat. Diese Denkweise schuf eine Klassengesellschaft, deren Eliten Eroberer und Unterdrücker sind und in der Individualismus, Anthropozentrismus und Idealismus als Werte propagiert werden. Greifen wir zwei konkrete Beispiele der Anwendung des *tinku* auf: Wenn ich heute beginne, ein Haus zu bauen, so kommen alle Verwandten und Freunde sowie die Mitglieder der Gemeinde, um mir zu helfen, und zwar nicht nur durch körperliche Arbeit mit Werkzeugen und Materialien, sondern auch durch Musik, Gesang und Tanz. Im gleichen Fall werde ich in Zukunft als Gegenleistung zwischen Individuen und Familien, *ayni* genannt, wiederum meine Hilfe anbieten. Ohne diese gegenseitige Hilfe entstehen Ungleichheit und einseitige Vorteilnahme. Genau dies geschieht in einer klassenorientierten und ökonomisch ausbeuterischen Gesellschaft. Indianer werden ihre *ayni* niemals im Stich lassen, es sei denn, man zwinge sie zur Unterordnung, so wie es sich verhielt, als das westliche Modell den Ureinwohnern Amerikas aufgezwungen wurde.

Mita ist das Gemeinschaftswerk der Nationen, um *Tawantinsuyu* zu erreichen, den großen konföderierten, multinationalen, multikulturellen, vielsprachigen, kollektiven Gemeinschaftsstaat, der in vorkolumbianischer Zeit Gestalt annahm und dessen Zentrum in Cusco liegt – ein enormes Verkehrsnetz, das praktisch das gesamte Andengebiet überdeckte, sowie Tausende von Tempeln und Festungen wurden errichtet; man schuf einen großartigen Landwirtschaftskomplex von zahlreichen künstlichen Terrassen, Kanälen und Wasserstraßen, und all dies war die Errungenschaft von Menschen, die sich mit *Tawantinsuyu* und seiner Organisationsform identifizierten. *Tawantinsuyu* strukturierte seine Philosophie, Wissenschaft, Technologie und seine sozial-politische Organisation so, daß der Bedarf an landwirtschaftlicher Produktion gedeckt werden konnte, um so allen seinen Einwohnern ein Höchstmaß an Lebensqualität garantieren zu können. Um ein einzigartiges Agrarsystem zu stärken, entwickelte und institutionalisierte er folgende Praktiken:

1. Sämtliches Land gehörte der *ayllu*, der Gemeinschaft, die es stets den Bedürfnissen seiner Mitglieder entsprechend (neu) verteilte. Es gab kein Privateigentum. Ohne Ausnahme wurde allen Paaren nach der Hochzeit ihr *tupu* an Land zugeteilt. *Tupu* war das Maß, das sich aus dem Bedarf der neugegründeten Familien errechnete, ein *tupu* war nicht vererbbar und ging nach dem Tode des Nutznießers wieder an die *ayllu* zurück.
2. Von jedem wurde erwartet, daß er in erster Linie Farmer war, und erst danach konnte er die Aufgaben eines Häuptlings, Führers, Priesters, Künstlers oder Philosophen wahrnehmen. Diese zweite Spezialisierung sorgte nicht für den Lebensunterhalt, sondern für Ehre, Hierarchie und Status.
3. Ökologische Unterschiede, von den Flußufern über die Meeresstrände bis hin zu den schneebedeckten Gipfeln, waren bekannt und wurden dementsprechend ihrer jeweiligen Nutzung zugeordnet. Diesen verschiedenen Zonen versuchte man eine schier endlose Vielfalt an Saat und Produkten anzugleichen, wobei man stets bemüht war, den Artenreichtum zu vergrößern; Statistiken belegen, daß einst 1080 Kartoffel- und 800 Maisarten bekannt waren.
4. Um das wenige Land, das die rauhe Region bot, zu erhalten bzw. um Berghängen neues Land abzutrotzen, versuchte man es gegen Erosion zu schützen. Millionen von Terrassen wurden angelegt, wobei man eine Technik anwandte, die den Regen, die Quellen und das Sickerwasser sowie ein hochentwickeltes System von geschickt angelegten Kanälen zu nutzen verstand.
5. Selbst die eisigen und wüsten Plateaus erachtete man als kultivierbar, indem man ein umfangreiches, durch Erdwälle geschütztes System von Gräben zog, das einerseits Schutz gegen Überflutung bot, andererseits Landwirtschaft ermöglichte und zu der Entwicklung von Fischfarmen sowie in den Sammelbecken zur Kultivierung von Speisealgen führte.

Die Unterdrückung der indigenen Kulturen, die Verfolgung der Religion und die Zerstörung ihrer sozio-ökonomischen Organisationsformen wiederholten sich im Laufe der fünf

Jahrhunderte seit der Ankunft Christoph Columbus' in Amerika. Dieser Prozeß wurde von den Konquistadoren begonnen, dann von den Kolonialregierungen und heute von den Nachfahren der Konquistadoren weitergeführt. Wo auch immer auf der Welt das westliche System den verschiedenen Kulturen übergestülpt wurde, erzwang man Veränderungen, die durch Herrschaft und Unterdrückung gefestigt wurden. Auf dem amerikanischen Kontinent zeigte sich dieser Prozeß, ausgelöst durch einen 500 Jahre währenden ideologisch-kulturellen Angriff gegen unsere Völker, besonders deutlich.

Der Kolonialismus bedeutete einen tiefen Einschnitt in unsere Denk- und Lebensweise. Er ließ unsere Brüder zu Randfiguren ohne Identität und Wurzeln werden, die geläutert und beschämt wünschten, »weiß« oder wenigstens Teil des westlichen Denkens und seiner Lebensweise zu sein. Unser Dasein als erobertes Volk führte dazu, daß unser soziokulturelles Universum unter den Theorien und Konzepten von Experten begraben wurde, die entweder durch Vorurteil oder aus einem Mangel an Verständnis für die Unterschiede unser Wertesystem falsch interpretierten, vielleicht aber auch, um eine »intelligente Entschlüsselung« unserer Kultur mit den Anforderungen der Kultur der Unterdrücker in Einklang zu bringen. Die meisten Schriften über indigene Religionen sind beispielsweise lediglich Neuformulierungen einer christlichen Theologie zu einem anderen Weltbild oder Versuche, eine multikulturelle Gemeinschaft dort heraufzubeschwören, wo es sich tatsächlich um eine Kollision von zwei antagonistischen und unvereinbaren Zivilisationen handelt.

Unbestreitbare Tatsache hingegen ist, ungeachtet eines Verhältnisses der Ungleichheit, das Überleben beider Kulturen: die westliche in der Position der Dominanz, die indigene in der der Unterdrückten. Am deutlichsten tritt dieser Konflikt in den Unterdrückungsformen hervor, die stets unser täglich Brot waren: gestern die Zerstörung der Tempel, die Verfolgung und Ermordung unserer Priester, die Verbannung unserer traditionellen Rituale, das Verbrennen der heiligen Objekte, heute geschicktere und trügerischere Methoden. So ist zum Beispiel in fast allen Ländern Amerikas nur der Katholizismus als offizielle Religion anerkannt und der Gebrauch von uns heiligen Substanzen wie Coca oder Peyote, die zu »Drogen« erklärt wurden, verboten.

Es erscheint uns Indianern unlogisch, daß im westlichen Denken Idealismus, Anthropozentrismus, Individualismus und Klassenunterschiede gepriesen werden. Nur die westliche Religionsvorstellung kennt eine unsichtbare Welt, die von unsichtbaren Göttern bevölkert ist und über der kosmischen Wirklichkeit steht. Uns scheint es undenkbar, daß der Mensch, der als »geliebter Nachkomme« und »Sohn Gottes« selbst göttlich ist, über allen Lebewesen stehen soll und mit der Erde verfährt, wie ihm beliebt, daß er Mutter Natur als Konsumobjekt betrachtet, das man erobert, unterdrückt, verändert, vergewaltigt, vergiftet und fast zerstört, nur um Launen und nicht Bedürfnisse zu befriedigen.

Wie ich bereits dargelegt habe, gibt es zwei Weltkonzepte, die sich völlig voneinander unterscheiden, entgegengesetzt und unversöhnlich sind: die westliche und die indigene. Daher konnte das Zusammentreffen der beiden Kulturen in Amerika nicht als dritte Möglichkeit zu einer Kreuzung führen, sondern lediglich zu einer Nebeneinanderstellung oder Symbiose und letztendlich zu Formen der Unterdrückung.

Das westliche System zerstörte aus Gewinnsucht oder Ignoranz den Kern und Inhalt unserer Kultur und unseres Glaubens, und um dies zu erreichen, wurden Mythen erfunden oder wiederbelebt. Wir wurden als Primitive, wenn nicht gar als Barbaren bezeichnet. Unsere religiösen Bräuche verglich man mit Satanismus oder Heidentum, und unsere Einheit mit dem Kosmos wurde als pantheistisches Glaubensbekenntnis betrachtet.

Das indigene Weltbild fördert Wissen, Lernen und Wissenschaft im allgemeinen, auch wenn sie sich in der Form von der westlichen Konzeption unterscheiden. »Indianisches wissenschaftliches Wissen bedeutet ein Zusammengehen, die Entwicklung von Umwelttechnologien in enger Verbindung zu diesem Weltbild«, wie unser Guajio-Bruder Saul Rivas Rivas es nannte.

Wir glauben, daß eine konzeptionelle Verunreinigung über unserer indigenen Kultur und Lebensweise liegt, die ernsten Schaden hervorrief, indem sie versuchte, uns die

Kollektivformen unseres Volkes vergessen zu lassen, uns zu Individualismus und Klassengesellschaft zu bekehren und uns von der Einheit mit der heiligen *Pacha Mama* zu entfremden, während sie uns gleichzeitig in den Augen des westlichen Verhaltens zu ihren Feinden aufwiegelte. Es ist einfach, ein Volk, das seine sozialen Wurzeln, seine Identität und Persönlichkeit verloren hat, zu unterwerfen und zu unterdrücken. Wie begann diese Ausbeutung und wieweit ist sie gediehen? Nach Schätzungen der Experten lebten bei Ankunft der Spanier zwischen 27 und 30 Millionen Menschen in *Tawantinsuyu,* die trotz ihrer großen Zahl in ihren *tampus* über reiche Nahrungsvorräte für einige Jahre verfügten.

Die Spanier waren vor allem auf die Ausbeutung der Bodenschätze versessen, und um dies zu erreichen, versklavten sie unser Volk und schickten Abertausende der Ureinwohner in die Minen. Die überwältigende Mehrheit starb, und das Land verfiel, da es jahrelang nicht bestellt wurde; die Anden begannen zu verkümmern und die Saat zu verschwinden. Dies war das erstemal, daß die Natur vernachlässigt wurde, und dies war die Hauptursache für unsere erste Armut und den ersten Hunger.

Unser Land und unsere *ayllus* fielen sozial und wirtschaftlich in die Hände der Spanier. In dieser Situation befinden wir uns heute noch immer, denn unsere Gemeinden sind Gefangene des Großgrundbesitzes, der den Nachfahren der Spanier, den Neo-Kreolen, gehört. Die Invasoren rissen das beste Land in den Tälern an sich, und die überlebenden Ureinwohner waren gezwungen, sich in das unwirtliche Hochland zurückzuziehen.

Zu dieser Zeit nahm die Unterscheidung von »indianischer Nahrung« und »Lebensmittel westlichen Ursprungs« ihren Anfang. Weizen, Gerste, Erbsen, Kichererbsen etc. bahnten sich ihren Weg zu unseren Feldern und wurden Teil der indianischen Ernährung. Wir begrüßten dies und heute gehört Gerstensuppe zu den Hauptmahlzeiten der ärmsten Indianer. Doch Vorurteile sorgten dafür, daß indianische Nahrungsmittel wie Gemüse, das wir als *oca, maswa, achita, olluco, quinua, ataqua* etc. kennen, vom Eßtisch der Kreolen verbannt wurden. *Achita* und *kikicha* wurden während der spanischen

Kolonisation als »Teufelsfraß« verboten und verfolgt. Wir mußten warten, bis diese als Nahrung für die NASA-Astronauten wiederentdeckt wurden, bevor ihnen von seiten der Landwirte und staatlichen Behörden Interesse entgegengebracht wurde.

Dem Großgrundbesitz folgte die Einführung der marktorientierten Monokultur, ein System, das unverzüglich das indigene System der Artenvielfalt und Selbstversorgung zu zerschlagen begann. In meinem Heimatort Tinte in Ayacucho baut man auf einer normalen kleinen Farm Mais an, zusammen mit *quinua* oder *achita, porotos* (Kidney Bohnen), *cayhua* (Kürbis), *qawinka* und *araq-papa,* einer Kartoffel, die man nicht eigentlich pflanzt, sondern die man einfach zweimal im Jahr pflückt, da sie zwischen anderem Gemüse wächst. Dieses System ist aufgrund der Einführung der Biergerste und der wegen des starken Bedarfs der urbanen Zentren verstärkten Kartoffelproduktion im Verschwinden begriffen. Dies führte zum Einsatz von Dünger und synthetischem Kompost sowie im Gegenzug dafür zur Auslaugung der Böden und dem Auftreten von Schädlingen, von denen wir nicht wußten, wie wir sie trotz stärkster Insektizide wieder loswerden sollten, was den Boden erneut schwächte. Die Absage an die Technologie der Anden während der letzten 500 Jahre trug dazu bei, daß tiefe Gräben und Risse die Berghänge durchfurchten. Alljährlich schwemmten starke Regenfälle fruchtbare Erde ins Tal hinab, von den kleinen Farmen in die Flüsse und ins Meer.

Die größte Gefahr jedoch – selbst wenn es Anzeichen gäbe, die indianischen Landwirtschaftsprodukte zu verteidigen – ist der wegen des Imports fremden Saatguts allmähliche Verlust unserer natürlichen Samen. Das Verschwinden unseres Saatguts wäre eine Katastrophe, denn es würde uns zwingen, uns an die westliche Technologie zu klammern; dies würde zur totalen Verwestlichung der Anden führen und den letzten systematischen Angriff gegen die Natur unseres Territoriums markieren.

Wir können auch auf andere schwerwiegende Beispiele der Zerstörung unserer Umwelt verweisen, die durch die Ausbreitung der westlichen »Modernität und »Entwicklung« hervorgerufen wurden. Das Zentrum der Schöpfung und des

Lebens der indianischen Völker ist der höchstgelegene See der Welt, der Titicaca-See (in Quechua: *Tit Qaqa,* Fels der Katze, und in Aymara: *Winaymarca,* Das ewige Volk). Aus seinen Wassern entstiegen unsere Vorfahren, *Manco Capac* und *Mama Ocllo,* die Gründer unserer Kulturen. Unser Ayma-ra-Bruder Roberto Aruquipa Amaru aus der Gemeinde Choqa-siwi, am Ufer des großen Sees, erklärte: »Der Herr von *Winaymarca* ist *Quta Achachila.* Er ist einer der Götter des Sees und wird als Wasser bezeichnet. Der gesamte Titicaca-See ist ein Gott.« Die Wasser des *Winaymarca* fallen und steigen im Rhythmus mit den Zeiten der Dürre und heftiger Regenfälle. Alles, was mit dem Zyklus des Sees zu tun hat, wird von dem indianischen Priester und Weisen, Jilire Quata Qilaqata, unserem Bindeglied zum *Winaymarca,* beobachtet, registriert und dem Volk mitgeteilt. Die zurückweichenden Wasser des Sees legen große Flächen an fruchtbarem Grund (*aynuqa*) frei. Diese werden von Jilire Quta Qilaqata unter den Familien der Gemeinde aufgeteilt, wobei er einen Teil für gemeinschaftliche Nutzung zurückhält. Die *aynuqa* bedecken sich rasch mit provisorischen Hütten, kleinen Farmen und Tieren, die sich von den frischen Früchten des Sees nähren. Jilire Quta Qilaqata legt die Zeiten von Ebbe und Flut des Sees fest, indem er den Wasserstand auf *Maqawi* beobachtet, einer kleinen Insel inmitten des *Winaymarca,* die auch ein Kultaltar des *Quta Achachila* ist. Die dauerhaften Häuser wurden stets in den höheren Regionen der Hügel (*sayanas*) errichtet, und hier lebten die Menschen, wenn der See über das Ufer trat.

Dennoch mündete dieses harmonische Zusammenleben in eine Phase des langsamen Todeskampfes, und nur in den abgeschiedensten Gebieten konnte sich diese authentische und reiche Lebensweise halten. Männer wie Jilire Quta Qilaqata sterben aus, ohne daß sie ihr Wissen hätten weitergeben können, denn ihre Nachkommen unterwarfen sich der Kultur der westlichen Erziehung und lachen heute über die Bräuche ihrer Vorfahren. Die Ordnung, die diese Vorfahren aufrechterhalten hatten, wich der Ignoranz und Unordnung der akkulturierten Indianer und Kreolen, die heute in dauerhaften, urbanen Siedlungen westlichen Zuschnitts an den Ufern des Sees wohnen.

Abfall und Unrat vergiften die Wasser des Sees und vernichten die Bestände an Fisch, Vögeln, Speisealgen und anderen Lebensformen. Barkassen und Motorboote ersetzten die Rindenkanus. Tourismus, Freizeitsport und wahlloser Fischfang sind im Steigen begriffen.

Und wie von einem Fluch verfolgt, beginnen sich viele *aynuqa* der Ufergemeinden in unfruchtbares, salziges Land zu verwandeln. Sollte sich diese Entwicklung fortsetzen, werden die Folgen für den Fortbestand unserer Lebensweise katastrophal sein. Das Unvermögen, diese Situation zu erkennen und die nötigen Schritte zu ergreifen, wird das Aussterben von protein- und vitaminreichen Pflanzen bedeuten, von Riedgräsern wie *janchallaya* und *oqururo*, von Fisch wie *quarachi* und *suche*, Vögeln wie *chuqa*, *achachito*, *tikitiki* oder *qiwlla*. Und die Großzahl der Indianer wird sich in die Schar der Konsumenten von Mehl und anderen Produkten einreihen, die die guten Menschen von Europa oder den USA so begehrenswert erscheinen lassen und zu Niedrigpreisen an die Armen der Welt verkaufen. Und so werden wir, einst kluge, weise Männer und Verwalter des besten Ökosystems, zu elenden Bettlern verkommen.

(Um dem ganzen die Krone aufzusetzen, wurde, während ich dies schreibe, gerade berichtet, daß im Gebiet des Titicaca-Sees Ölvorkommen entdeckt wurden... Wir alle kennen die zerstörerische Kraft der Ölförderung, und viele indianische Waldbewohner können bezeugen, daß dies den Tod für Flüsse, Seen, Bäume und Dörfer in großem Ausmaß bedeutet.)

Was bleibt zu den Städten zu sagen? Unsere Kritik an diesen Städten westlichen Stils gründet in dem Vergleich zu unseren alten Städten. Der *Tawantinsuyu* war eine agrarorientierte Zivilisation, wo die Städte nur die Funktion eines religiösen und zeremoniellen Zentrums, eines Verwaltungsortes oder eines Marktplatzes zum Warentausch hatten. Landverteilung und Produktionsweisen wurden unter dem System der *ayllus* verschieden strukturiert. Häuser und Dörfer erhoben sich im Vorgebirge, entweder um die Pampas als Agrarflächen zu erhalten oder sie gegen Naturgewalten zu schützen. Dies bedeutete, daß man Häuser nicht auf dem vom See freigelegten Boden oder entlang der von Lawinen gezogenen Pfade errichtete, da sie in die Flüsse hinabstürzen.

Die Errichtung von Städten nach westlichem Muster begann um 1570 im Zuge der von Viceroy Toledo angelegten Siedlungen. Seitdem verfolgten Städte wie Lima, die sich selbst stolz als modern bezeichneten, ihren Pfad des blinden Wachstums auf den Hochwasserufern der Flüsse – des Rimac und, wie Lima, seinen Nebenarmen. Die beinahe jährlichen Lawinen und Überschwemmungen werden dem Zorn Gottes oder der Natur zugeschrieben. Erscheint solche Fahrlässigkeit nicht widersinnig?

Heute können wir die Durchführung gewaltiger Programme, oft mit ausländischer Hilfe, erleben, die allein ein Ergebnis erzielen: den Einzug der Akkulturation, Entindianisierung und Integration in ein Modell, das der Westen als einzigen Weg zu Modernisierung und Entwicklung preist. Wir lehnen dieses Modell ab, das ja gerade zu der gegenwärtigen ökologischen Krise in Peru und weltweit führte. Entweder ändern wir unseren Kurs oder wir steuern geradewegs einem Holocaust entgegen, der Mutter Erde und ihre Nachfahren vernichtet.

Die Fragen, die wir stellen, lauten: Bedeutet Modernität nur Zerstörung? Wäre es nicht sinnvoll, vom indigenen Ökosystem zu lernen? Wäre es in unserem Land nicht vernünftig, mit den Ureinwohnern selbst zusammenzuarbeiten, um angemessene – und vielseitige – Technologie für eine Landwirtschaft zu entwickeln, die die Besonderheit der Andenvölker und der Wälder wie auch traditionelles Wissen respektiert? Die Antwort heißt ja, und dies veranlaßt mich, einige Ideen auszubreiten.

Die Wälder, die den Planeten bedecken, sind die Lungen der Welt. Sie bieten den Nährboden für zahlreiche Baum- und Pflanzenarten, die einen Lebensraum für Tausende Tierarten stellen. Innerhalb dieses Konglomerates ist jedes Element für das andere unverzichtbar, die Existenz des einen nutzt dem anderen und ermöglicht erst dessen Lebensbedingungen. Die Bewohner des Waldes entwickelten ein Ökosystem, das auf dem Zusammenleben mit der Natur basiert. Ihr Agrarsystem verwendet Saatgut, das sich natürlich in die Flora des Waldes einfügt. Versteckt in der großartigen Schönheit der Wälder kann man ihre Pflanzungen kaum wahrnehmen.

Was brachte der Westen den Anden und den Wäldern? Die Zerstörung der Artenvielfalt und die Monokultur. Nach einer Reihe von Jahren waren riesige Gebiet wüst, von Dünger und Insektiziden vergiftet, die Flüsse tot, die Arten ausgerottet, die Indianer in die Ecke getrieben und der Großzügigkeit von Mutter Natur beraubt.

Schätzungen besagen, daß 65% der heutigen Nahrungsmittel aus Amerika stammen. Sie sind ein Beitrag der genetischen Technik, die unsere Vorfahren in Tausenden von Jahren entwickelten. Heute hat das System der westlichen Ausbeutung sich aus wirtschaftlichen Gründen auf eine kleine Auswahl an Saat beschränkt und die Qualität der Nahrung durch Täuschung ersetzt, indem sie Lebensmitteln künstlich Größe, Farbe und Form gaben, die den Konsumenten zum Kauf überreden sollen, selbst wenn ihr eigentlicher Nährwert nur sehr gering ist.

In multinationalen, multikulturellen Ländern wie Peru, in denen sich eine reine indigene wissenschaftlich-technologisch-kulturelle Tradition findet, ist es absolut notwendig, eine Entwicklungsstrategie zu entwerfen, die den Indianern ihre Rechte zurückgibt und die volle, unabhängige Beteiligung der indianischen Völker garantiert. Nur die unabhängige Ausübung unserer Wissenschaft, Technologie und Nutzung der Ressourcen kann die Artenvielfalt wiedergewinnen und uns ermöglichen, die Freiheit, die unseren Völkern entrissen wurde, wieder zu erlangen.

Die Erde, Mutter Erde, war stets Teil dieser Gemeinschaft, wir gehören zu ihr, nicht sie zu uns. Land und Gemeinschaft sind die Seele unserer Völker. Dennoch wurde der Privatbesitz in unserer Welt eingeführt, der uns aus dem Gleichgewicht wirft, uns entfremdet und zerstört. Kollektivbesitz, umrahmt von der gemeinschaftlichen Organisation, ist das System, das in Einklang zu den Überzeugungen unserer Völker steht. Dieses Modell steht nicht im Widerspruch zu einer neuen geplanten Entwicklung, weshalb wir es allen anderen Formen vorziehen. Selbst wenn die nationalen Territorien unserer Völker enteignet und in neue grenzgebundene

Nationalstaaten eingebettet wurden, sollten wir wenigstens die kommunalen Territorien mit ihren Ressourcen respektieren.

Wir appellieren an alle indigenen Gemeinschaften Amerikas, sich auf einen Forderungskatalog zu einigen. Zunächst verlangen wir, daß der Staat und seine Institutionen religiösen, kulturellen, linguistischen, ideologischen, politischen und rassischen Pluralismus respektiert und fördert. Ferner fordern wir die rechtliche Anerkennung der indigenen Territorien sowie unserer sozialen Organisationsformen, und in diesem Sinne auch des kommunalen Landbesitzes als integralem Bestandteil unserer Kultur. Auf der politischen Ebene erstreben wir Autonomie und Selbstbestimmung in den Ländern, in denen wir die Minderheit stellen, wie wir gleichermassen uns in den Ländern, in denen wir in der Mehrheit sind, zum Ziel gesetzt haben, Regierungen zu bilden, deren Programme das indigene Modell berücksichtigen und zum Ausdruck bringen. In diesen Gebieten werden wir Produktionsweisen und Lebensformen umsetzen, die in Einklang mit unseren Werten der Harmonie mit Mutter Erde stehen. Wo immer eine indigene Regierung Fuß faßt, wird die Natur erhalten werden und ihren früheren Reichtum und Glanz wiedererlangen. Auf dieser Basis wären wir in der Lage, einen beständigen Dialog und Austausch an Erfahrung und technologischen Konzepten mit jenen Systemen zu eröffnen, die vom westlichen Technologiemodell beherrscht werden. Dies wäre der Beitrag, den die indigenen Völker leisten könnten, um die universelle Tragödie der Umweltzerstörung zu lösen.

Lassen Sie mich zuletzt noch einen Vorschlag unterbreiten, der durch die Vorfahren von *Tawantinsuyu,* die Wissen über radioaktives Material besaßen, angeregt wurde. Sie nannten es *aya kachi* (Steine oder Salz des Todes) und verschlossen es in riesigen Mauern. Mit Hilfe der Mythologie war jede Manipulation dieser Materialien solange verboten, bis man die richtigen Mechanismen für die Behandlung und Nutzung kennen würde. Der unstillbare Durst des Westens nach Energie und seine Gesellschaft des Konsums trieben den Umgang damit bis auf die Spitze, doch weiß niemand, wie man den radioaktiven Müll, den die Nuklearindustrie produziert, beseitigen soll. Wir glauben, daß sich die westlichen Führer in Fragen der Kernenergie so verhalten sollten wie unsere Vorfahren, nämlich alles stoppen, bis wir in der Lage sind, jeden Schritt von der Ausbeutung bis zur Atommüllbeseitigung ohne Risiko für Mensch und Natur zu kontrollieren.

Wenn ihr die Erde verkauft habt, was wird dann mit der Sonne geschehen ?

von
Alberto Hotus Chavez

(Rapanui/Osterinseln)

Die Osterinsel ist die Heimat von 3000 Menschen, alle Angehörige des Rapanui-Volkes, wenn man von einigen Chilenen absieht, die mit Inselbewohnern verheiratet sind, und einer Handvoll Beamter der Regierungseinrichtungen.

Heute ist die Insel eine chilenische Provinz, und ihr Gouverneur wird von der Regierung in Santiago de Chile bestellt. Trotzdem gelang es den Rapanui, an ihrer überlieferten Form der Selbstregierung, dem Ältestenrat, festzuhalten. In den Worten seines Anführers »umfaßt der Rat die ganze Insel, die Gesamtzahl aller Osterinselfamilien, wo immer sie auch leben«. Die Mitglieder des Rates sind Vertreter der sechunddreißig Rapanui-Gruppen auf der Insel, von denen jede aus mehreren Familien besteht.

In den vergangenen Jahren konnten die Inselbewohner einigen Fortschritt in ihrer langen Auseinandersetzung um die Anerkennung ihrer Kultur und ihrer Rechte verbuchen. Der rechtliche und politische Status des Ältestenrates zum Beispiel wurde lange vom chilenischen Staat nicht anerkannt, doch die Regierung von Präsident Patricio Aylwin erkennt im Rat von jetzt an ihren Ansprechpartner für die Sonderkommission Eingeborene Völker, *einem ministeriellen Gremium.*

Der Verfasser des folgenden Essays ist der Präsident des Ältestenrates, Alberto Hotus Chavez (Teave). Die Bewohner der Osterinsel hatten gewöhnlich nur einen Namen, um sich zu benennen, doch mußten sie sich Vor- und Familiennamen »auf spanische Art« zulegen, als die Insel unter chilenische Herrschaft kam. Der Großvater Albert Hotus' mütterlicherseits hieß Teave. Er war gezwungen, den Namen Andres anzunehmen, und übertrug den Namen »Teave« in die spanische Sprache – Chavez.

Falls eine Verfassungsreform verabschiedet wird, die ethnische Minderheiten berücksichtigt, wird das Oberhaupt des Rapanui-Rates wieder zu seinem angestammten Namen zurückkehren und mit seinem eigentlichen Namen Alberto Hotus Teave zeichnen können. Genauso wie der Rapanui-Anführer es hier darstellt, wartet sein Volk auf den Tag, an dem es sein Land zurückerhalten und die wirkliche Unabhängigkeit erreichen wird.

Die Namen Osterinsel, Rapa Nui und andere, die unsere 3600 Kilometer westlich von Chile liegende pazifische Insel bezeichnen, sind jüngeren Gebrauchs. Ihr wirklicher Name ist *pito 'ote henua* und bedeutet »Ende der Erde«.

Auch wenn es im religiösen Denken der Insel Polytheismus gibt, war es doch der geheimnisvolle *Make-Make,* der als der oberste Schöpfer und Gesetzgeber vieler Gewalten galt: *Mana,* die Macht der göttlichen Wesen, der Könige und weniger Auserwählter; *tapu,* das jemand oder etwas auszeichnete, das heilig, unverletzlich oder verboten war; und *po,* die Nacht, gleichbedeutend mit den Schatten oder dem Schlaf.

Genauso wie unsere eingeborenen Verwandten im Norden Chiles von *Pacha Mama* sprechen oder wie die Mapuche *Nuque Mapu* kennen, haben wir unseren eigenen kultischen Bezug zu »Mutter Erde«.

Aber vielleicht ist dies etwas grundlegender bei uns. Unser *Kainga i' he nue* bedeutet Mutter Erde, doch bezieht es sich auch auf den Schoß und die Gebärmutter. Wir sind Söhne der Erde, empfangen von *Make-Make,* von Gott.

Die Überlieferung sagt, daß *Make-Make,* der oberste Schöpfer, die rote Tonerde befruchtete und so den Menschen schuf. Dann befruchtete er, während der Mann schlief, die Rippen auf der linken Seite des Mannes und erschuf die Frau.

Die Ähnlichkeit mit dem Buch Genesis ist deutlich und die Erklärung einfach: Die Mormonen beeinflußten unsere traditionelle mündliche Überlieferung.

In der Rapanui-Kultur ist Respekt für die Erde, die Pflanzen und das Ökosystem unmittelbar mit dem Menschen verbunden. Der Mensch ist nichts ohne Pflanzen, die Winde oder die Luft. Die Menschen brauchen diese Bestandteile der Mutter Erde, um zu überleben, und deshalb wird die Erde als Geschenk Gottes für alle Menschen betrachtet.

Wenn die Menschen der westlichen Kulturen behaupten, die Erde könne verkauft werden, verstehen wir Rapanuis diese Rede nicht. Wenn ihr die Erde verkauft habt, was wird dann mit der Sonne geschehen, mit dem Wind, mit allem, was Teil der Natur ist und nicht trennbar von der Erde?

In unserem »Weltbild« muß der Mensch sich auf die Erde und die Natur verlassen, mit ihnen im Einklang stehen und vernünftig mit allem umgehen, was sie uns anbieten. Denn die Bäume, das Wasser und die Steine sind unsere Brüder, sind Teil des Menschen selbst.

Für den Menschen europäischen Ursprungs ist die Erde etwas, das veräußert werden kann, verkauft, verpfändet oder in Raten abbezahlt. Nicht für uns. Wir können die Erde nicht antasten, weil sie uns nicht gehört. Sie ist das Eigentum der Götter, die sie uns gegeben haben. Wir Osterinselbewohner sagen, »daß die Erde großzügig ist, weil sie uns in ihrem Schoß versammelt, nachdem wir gestorben sind«.

Was den religiösen Aspekt betrifft, gilt der Mensch vor seinem Schöpfer als mit Mängeln behaftet, »eine Fliege oder ein Insekt, das auf der Erde kriecht«, mit einem Leben so zerbrechlich und schwach wie das eines »gestohlenen Huhns« – eine Umschreibung für die Nebensächlichkeit menschlichen Daseins auf der Erde, wie ein Huhn zum sofortigen Verzehr bestimmt.

Die Geister, die das *tapu* bewachten, befanden sie sich im Glück des großen Jenseits. Sie blieben nicht bei ihren hungrigen und durstigen Leibern. Unsere Rapanui-Vorfahren glaubten an die Unsterblichkeit der Seele, auch wenn es unmöglich war, mit einem Zeichen des Glaubens die Wanderung oder Reinkarnation der Seelen zu beweisen.

Unsere Vorfahren glaubten an die *akuahu*, die Nachtgeister aus einer anderen Welt, die sich bei Gelegenheit als freundliche und sorgsame Verteidiger erwiesen und bei anderen Anlässen als hartes, grausames Strafgericht gegenüber Eindringlingen.

Besondere Wichtigkeit wurde dem alljährlichen Fest von *tangata manu* (dem Vogelmann) zugemessen, das *Make-Make* zu Ehren im Zeremoniendorf Orongo gefeiert wurde. Das Fest begann zu Beginn des Frühlings oder der *hora*-Jahreszeit (Frühsommer) und endete mit der Ankunft des *manu tara*-Vogels, der in Motu Matiro Hiya lebte, wie der Name der Inseln von Salas und Gomez etwa 300 km nordöstlich der Osterinseln lautet. *Manu tara* bezog sich auf zwei Arten von Seevögeln, die aschfarbene Möwe (sterna fusca luctuosa) und die Ostermöwe oder den Fregattvogel (sterna lunata). Die heiligen Rituale von Orongo hatten geheime Bedeutung und stellten eine Ausnahme im ausgedehnten Spektrum polynesischer Zeremonien dar.

Wenn der Hauptsonnenbeobachter den genauen Zeitpunkt verkündete, sprang die auserwählte Person, die *tangata manu* darstellte, von den Höhen des Kliffs, um in die Richtung der Insel von Motu Nui zu eilen. Dort angelangt, mußte der *hopu*, der Schwimmer, an einem versteckten Ort auf die Ankunft von *manu tara* warten und sich dann in den Besitz des ersten, heiligen Eies setzen.

Darstellungen des Eies, das den göttlichen Geist *Make-Makes* enthält, sind als Felsgravuren über der Figur von *tangata manu* zu sehen, dessen Autorität ein Jahr lang dauerte. Der letzte Mensch, der diese Auszeichnung erhielt, war *Ko Rukunga A Manu A Hotu* im Jahr 1866, als die Missionare bereits auf der Osterinsel gelandet waren.

Außergewöhnliche Wichtigkeit wurde den Toten zugemessen. Ihre eingewickelten Körper wurden so lange Wind, Sonne, Gischt und anderen Naturkräften ausgesetzt, bis sie vollständig zerfallen waren. Zu dieser Zeit gab es noch keine Raubvögel auf Rapa Nui. Wenn von der Leiche lediglich das Skelett übrig war, gingen die Rapanui zur Beerdigung, dem *tanu*, über und überantworteten es dem Schutz der *avanga* oder *ahu*, den Begräbnismonumenten.

Von den *ahu* gab es zwei Arten. Die eine bot an der Spitze Platz für ein *moai* oder *ahu moai*, die andere nicht. Die riesigen *ahu moai*, die die Osterinsel weltweit berühmt machten, wurden in einer Blütezeit der Steinzeit errichtet, und noch immer stehen davon 31 vollständig erhaltene Exemplare. Weniger vollständig erhaltene *ahu moai*, insgesamt 71, sind ebenfalls noch zu finden.

Nach der Überlieferung der Vorfahren und dem königlichen Familienstammbaum war Hotu Matu'a der erste *Ariki Henua*, der höchste Titel, der nur dem Fürsten der Insel gebührt. Er kam von der Insel Hiva um auf Rapa Nui zu siedeln nachdem er sieben Kundschafter ausgesandt hatte und damit den Anweisungen seines weisen Ratgebers Hau Maka gefolgt war.

Die Insel hatte 1722 zum ersten Mal Kontakt mit Europäern, als der Holländer Jacob Roggeveen landete, der ihr den

Namen Paasch Eyland oder Osterinsel gab, wie sie heute noch heißt. Zwischen 1862 und 1863 versklavte ein peruanischer Pirat, der als Kapitän Aguirre bekannt wurde, ein Drittel des Volks von Rapa Nui, zerbrach damit eine lange, harmonische Entwicklung der sozialen Ordnung und hinterließ eine traumatische Erfahrung, die zu heilen noch viele Jahre dauerte.

Mit der Verschleppung der Einwohner nach Peru durch die Seeräuber und Sklavenhalter ging der Insel auch die schriftliche Kultur der *kohou rongo rongo*, der gravierten Rezitationsbretter, verloren. Ihre Hüter die *ma'ori kohou rongo rongo* schwanden auf peruanischem Boden dahin und nahmen die Geheimnisse ihres Wissens mit ins Grab.

Bis heute ist es nicht gelungen, den geheimnisvollen Inhalt der Tafeln hinreichend zu entschlüsseln, der in der Bustrofedon-Schrift aufgezeichnet wurde: Eine Zeile läuft von links nach rechts, gefolgt von einer weiteren von rechts nach links und so weiter.

Eugenio Eyrand, ein französischer Missionar begann 1864 mit der Christianisierung der Inselbewohner. Vor der tyrannischen Herrschaft des französischen Söldners Jean Baptiste Onesime Dutrou Bornier auf Rapa Nui flohen in den Jahren 1871-72 500 Inselbewohner auf die Gambier Inseln, einem kleinen, wasserlosen Archipel im Südpazifik und auf die Plantagen eines gewissen John Brander auf Tahiti. Dutrou Bournier, ein ehemaliger Kapitän der Handelsmarine, der zum Glücksritter geworden war, wählte sich selbst zum *Tavana*, einem grausamen und despotischen Herrscher der Insel. Unter Dutrou Bournier begann die ökologische Verwüstung der Osterinsel, vor allem durch massive Schafzucht, die die Insel, neben der allgemeinen Zerstörung der Pflanzenwelt, in einen riesigen Misthaufen verwandelte.

Am 9. September 1888 wurde eine »Gemeinsame Erklärung guten Willens« zwischen dem König der Rapanui, Atamu Te Kena, im Auftrag der Hauptleute oder Ältesten der Insel und dem chilenischen Marinekapitän Policarpo Hurtado als dem Vertreter seiner Regierung unterzeichnet. Den Ausführungen der Erklärung nach wurde die Souveränität an Chile abgetreten, den Hauptleuten und Ältesten wurden jedoch ihre Rechte belassen und die Macht, ihre Nachfolge zu regeln.

Enrique Merlet, ein französisch-britischer Kaufmann aus Valparaiso mit dem traurigen Ruhm eines Ausbeuters, schloß einen Pachtvertrag mit der chilenischen Regierung über Rapa Nui ab und befahl 1895 den Bau einer drei Meter hohen Verteidigungsmauer, die die Inselbewohner in einer Art Reservat von 100 000 qm in Hanga Roa zusammenpferchte. Den Inselbewohnern war es ausdrücklich verboten, die Begrenzungen zu überschreiten.

Merlet übte eine solche Tyrannei über die Inselbewohner aus, daß schließlich der Vatikan zu ihrem Schutz eingriff. Um dem ganzen die Krone aufzusetzen wurde König Mirorokom, der Nachfolger Atamu Te Kenas, vergiftet, nachdem er zuletzt in der Gesellschaft eines engvertrauten Angestellten des Insel-Machthabers gesehen wurde. Merlet verkaufte 1903 drei Viertel der Aktien seiner Gesellschaft CEDIP, der sogenannten Osterinsel- Entwicklungsgesellschaft, an die britische Firma William E. Balfour, die das Unternehmen weitere 50 Jahre betrieb.

Die Umweltzerstörung wurde mit dem Import von 35 000 Schafen, 15 000 Rindern und 3000 Pferden fortgesetzt.

Die Kultur auf Rapa Nui hatte sich – solange Schiffe und Flugzeuge die Insel nicht erreichten – in ihrer Abgeschlossenheit bemerkenswert entwickelt. Der Beweis dafür sind die *moais* und die Felszeichnungen. Dieser Entwicklung folgte eine Zeit des Verfalls. Als 1928 massenweise Wollschafe eingeführt wurden, wurde bald deutlich, daß dies ein großes soziales Problem mit sich brachte, denn es schuf sogenannte Beschäftigung.

Schafzucht, das bedeutete Arbeit und Nahrungsmittel, auch wenn sie wegen der damit verbundenen Erosion der Landoberfläche schlimme Auswirkungen auf die Umwelt hatte. Dabei ist ihr Beitrag zur Düngung des Bodens unbedeutend, weil der Boden der Osterinsel natürliche Fruchtbarkeit besitzt und bei geringen Kosten sehr gut für den Anbau von Avocados, Ananas, Cassava, Bananen, Kaffee, Kartoffeln, Mais und vielem anderen geeignet ist.

Die Einführung von Wollschafen ereignete sich zur gleichen Zeit, als die chilenische Regierung unfähig war, die Bewohner von Rapa Nui mit Fleisch zu versorgen. Um 1966 jedoch übernahmen zwei staatliche Behörden, die nationale Enwicklungsbehörde (CORFO) und die nationale Forstbehörde (CONAF), die Aufsicht über die Landnutzung auf der Insel und schütteten die Brunnen zu, die für die Schafzucht gegraben worden waren. Langsam verschwanden die Herden von der Insel. Wir brauchen jetzt eine geregelte Entwicklungsplanung für einige wenige Nutztiere auf der Insel. Unser größtes Problem, ob als Verbraucher oder Erzeuger, ist dabei der Transport. SASIPA, die der CORFO nachgeordnete Behörde, die die Insel versorgt, liefert Rindfleisch an die Bewohner, indem sie Schlachtbetriebe auf Rapa Nui selbst unterhält. Die Touristikunternehmen, die besonders niedrige Preise verlangen, sollten Fleisch aus Chile mitbringen müssen.

Raubvögel kamen nicht durch Wanderung auf die Insel, sondern wurden in den Jahren nach 1928 eingeführt. Es waren Raubvögel wie der Tiuque (mivalgo chimango chimango) und andere Beutegreifer, auch der äußerst fruchtbare Sperling (passer domesticus) und der Diuca (diuca diuca). Der Tiuque, eine Art südamerikanischer Falke, wurde von den Einwohnern wegen seiner üblen Angewohnheiten bald *manutoketoke*, Räubervogel, getauft.

Als die Erschließungsgesellschaft landete, war die Aussaat von Weizen das erste, was sie unternahm. Doch das Saatgut war mit Rettichsamen vermischt, einer Pflanze, die sich bald zu einer Landplage ausbreitete. Also brachte man Sperlinge, um die Rettichsamen auffressen zu lassen. Die Sperlinge vermehrten sich so schnell, daß es heute Abertausende sind.

Später, als die gleiche Gesellschaft Wollschafe herbrachte, übertrugen die Schafsgeißen Würmer, also wurden Tiuques geholt, um die Würmer und Schafskadaver aufzufressen. Dies war erfolgreich, doch als es keine Würmer und Kadaver mehr gab, wanderten die Tiuques auf die Inseln von Moto Nui und andere in der Nachbarschaft, wo viele Seevögel nisten, und begannen deren Ausrottung, indem sie deren Eier fraßen.

Was die Pflanzenwelt anbelangt, brachte die »Zivilisation« Krankheiten nach Rapa Nui, die nur schwer zu beseitigen sind, wie zum Beispiel *maicillo* und *pata de gallina* (Krähenfuß), bei den Sträuchern *lupino* und *guava*.

Unsere Insel ist die Heimat von 3000 Menschen. Jedes Jahr kommen noch 5000 Touristen dazu, von denen jeder durchschnittlich vier bis sieben Tage bleibt. Das ist ein gewaltiger Zustrom, betrachtet man die Größe der Insel.

Die Osterinsel leidet unter den Auswüchsen großangelegten, Verschmutzung bringenden Tourismus. Anscheinend müssen Touristen ihre Picknicks halten, ihre Spaziergänge machen, ihren Abfall am Strand abladen, ihre Flaschen, Plastik und Papierbehälter ins Meer kippen. Die Verschmutzung nimmt täglich zu, und wenn die ansässige Bevölkerung nicht endlich darauf aufmerksam wird, werden die Mengen an Abfall und nicht verwertbarem Müll von Verpackungen und Dosen überall in der Stadt und auf dem Land immer größer. Der Insel fehlen schnellarbeitende Abfallbeseitigungssysteme. Einmal, als wir die Strände säuberten, benötigten wir vier Lastwagen mit sechs Tonnen Zuladung zum Transport des Mülls. Für eine Insel, die zum Nationalpark erklärt wurde, ist ein solcher Grad an Verschmutzung ein Ding der Unmöglichkeit. Weggeworfene Flaschen werden hier leicht zu Brenngläsern, die das Gras entzünden und damit Brände auslösen.

Als Inselbewohner haben wir weniger Abwehrkräfte gegen epidemische Krankheiten entwickelt. Wir werden sie nur schwer wieder los, wenn sie erst einmal eingedrungen sind. In ähnlicher Weise fürchten wir, daß der Tourismus zum Einfallstor für den Drogenhandel werden könnte. Bevor wir den Stolz auf unser Land an den Tourismus verkaufen, müssen wir zuerst an die Gesundheit unseres Volkes und an das natürliche und historische Erbe der Insel denken. Wir glauben, daß eine Art von Tourismus, der bestimmte Ziele auswählt und sich kulturell anpaßt, für unser Volk auf Rapa Nui eine Entwicklungsmöglichkeit sein könnte.

Doch es gibt noch andere schädliche Einflüsse auf die Umwelt: die unbesehene Plünderung von Steindenkmälern, wenn neue Höhlen geöffnet werden, die zahllosen Yachten am Strand von Ana Kena, die ihren Dreck und ihr Bilgenwasser ins Meer ablassen, weil es auf der Insel keine Einrichtung zur Beseitigung von Müll gibt.

Da ist auch die übermäßige Ausbeutung von weißen Korallen durch Osterinselbewohner, die sie unter Wasser an der Küste abreißen und als »Souvenir« verkaufen. Mit der Zunahme der Touristen wird dies zu einem ernsthaften Problem für das Überleben anderer Meereslebewesen, welche auf die Korallenbänke als Schutzraum und Lebensgrundlage angewiesen sind.

Diese allgegenwärtige Plünderung muß jetzt beendet werden, um ernsthafte Folgen für die Umwelt in Zukunft zu vermeiden. Gegenwärtig warten wir auf die Verabschiedung eines Gesetzes, das gerade diskutiert wird. Es würde die Schaffung einer »Entwicklungsgesellschaft des Volkes von Rapa Nui« zur gesetzlichen Verwaltung des Landes unserer Vorfahren ermöglichen. Ansonsten werden wir im Zustand des Verfalls verharren, wie in der Zeit, als die Regierung unser Land in ihrem eigenen Namen beanspruchte.

Im Oktober 1991 unterzeichnete Präsident Patricio Aylwin einen Vorschlag für eine Verfassungsänderung, welche die ethnischen Minderheiten Chiles anerkennt, darunter auch die Rapanuis. Ebenso unterzeichnete er einen Gesetzesvorschlag zur Entwicklung vernachlässigter Eingeborenen-Gebiete.

Unserer Position zufolge müssen diese Vorschläge durch ein Gesetz zur Schaffung der »Osterinsel-Entwicklungsgesellschaft« ergänzt werden. Wir glauben fest daran, daß dieses Thema noch nicht erledigt ist, und werden unseren Kampf zur Gründung der Gesellschaft fortsetzen. Wir sind der Auffassung, daß eine solche Einrichtung von 10 Bürgern geleitet werden soll, von denen fünf vom Volk gewählt werden, während die anderen fünf Beamte wären, wie zum Beispiel der Gouverneur der Provinz, der Bürgermeister, der Marinebeauftragte und die Leiter von CONAF und CORFO, unbeschadet der Tatsache, daß einige von ihnen, wie zum Beispiel der Bürgermeister, ebenfalls demokratisch gewählt werden.

Mit der neuen Situation, die durch die Verfassungsänderung entstehen wird, welche unsere Existenz anerkennt, werden die Bewohner der Osterinsel fortfahren, ihre Belange zu vertreten. Der Hauptpunkt ist, daß wir Land als ein gemeinschaftliches Gut betrachten und daß die Gesellschaft, die wir aufbauen wollen, Land den Bedürfnissen entsprechend zuteilen soll.

Wir, der Ältestenrat, klagten im August 1988 gegen das chilenische Finanzministerium wegen der ungesetzmäßigen Aneignung der Osterinsel. Die chilenische Regierung von 1933 hatte den Artikel 590 des chilenischen bürgerlichen Gesetzbuches widerrufen und unser Territorium zu ihrem Besitz in Verwaltung durch das Finanzministerium erklärt.

Diese Annektierung wurde im »El Heraldo« von Valparaiso als Beweis ihrer Gesetzlichkeit veröffentlicht. Die Zeitung erreichte niemals die Insel, und selbst wenn dies der Fall gewesen wäre, hätte niemand etwas von der Besitznahme wissen können, da es damals keine Schulen auf der Insel gab. Wir glaubten noch immer an die Gültigkeit der »Gemeinsamen Erklärung guten Willens« von 1888, die zwar vorsah, daß Chile die Souveränität über die Insel ausüben sollte, nicht aber, daß sie in das Eigentum Chiles übergehen würde.

Deshalb reichten wir zum 100. Geburtstag der Vereinbarung, 1988, Beschwerde gegen das Finanzministerium ein. Die Verhandlungen dauern noch an.

Wir hoffen, mit der konstitutionellen Anerkennung unseres Volkes unser Land zurückzuerhalten, damit wir in wirklicher Autonomie zu leben und unsere Forderungen zur Verteidigung der Umwelt und unseres kulturellen Erbes auf der Osterinsel vorantreiben können.

Wir wollen ein von uns entwickeltes Basisprogramm, mit dem die Menschen ihre landwirtschaftlichen und bergbaulichen Aktivitäten planen, in dem sie ihre eigenen Vorstellungen von Tourismus und Handel vorbringen können, statt sie von oben verordnet zu bekommen, wie dies bis vor kurzem der Fall war.

Wir hoffen, daß wir mit der unmittelbaren Verteidigung unserer natürlichen Umwelt beginnen können, sobald dem zugestimmt worden ist. Sie ist unser vordringlichstes Ziel.

Wir haben das lateinische Sprichwort nicht vergessen:
»Quis opifex, praeter naturam?«
»Welcher Künstler könnte die Natur übertreffen?«

Das Salzwasser-Volk

von Nathan Wate

(Lau/Solomon-Inseln)

erzählt für Herbert Paulzen

Nathan Wate und sein Bruder George sind die Nachkommen einer Häuptlingsfamilie, die vierzig Generationen lang zurückreicht. Sie leben auf der Insel Solofou, der größten der von Menschenhand aufgeschütteten Inselkette innerhalb der Lau-Lagune, nahe der Nordküste von Malaita, einer der Solomon-Inseln. Nathan Wate ist Häuptling von Solofou und ein ehemaliges Mitglied des Parlaments der Solomon-Inseln, die 1978 ihre Unabhängigkeit erlangten.

Unsere Vorfahren waren Küstenbewohner auf den Solomon-Inseln, die vor Hunderten von Jahren damit anfingen, zwischen der Küste und dem Riff künstliche Inseln innerhalb der flachen Lau-Lagune aufzuschütten. Wegen der Malaria-Moskitos und wegen des beinahe ununterbrochenen Kriegszustandes mit dem Kopfjägervolk aus den Hügeln zogen sie von der Küste in die Lagune.

Die künstlichen Inseln wurden auf Sandbänken und Riffen angelegt, die über die Wasseroberfläche ragten, indem man Felsbrocken aufhäufte. Hier baute das Salzwasser-Volk, abseits vom Hügel-Volk, seine Häuser aus den Blättern der Sagopalmen und pflanzte Kokospalmen.

Die Dörfer waren befestigt und wurden in Bereiche für Männer und Frauen eingeteilt. Heilige Gebetsplätze waren tabu für die Frauen. Die Schädel der Vorfahren, die seit jeher als Vermittler zwischen den Lebenden und der Natur dienten, wurden in besonderen Häusern aufbewahrt. Das Salzwasser-Volk von der Lau-Lagune legte seine Gärten immer an der Küste der Hauptinsel in der Nähe von Flüssen an, die sie mit Trinkwasser versorgten.

Bis vor kurzem waren die Menschen von Lau unabhängig. Sie fingen Fisch in der Lagune, stellten Boote aus den Bäumen her, die in ihren Wäldern wuchsen, ernteten Yams, Taro, Süßkartoffeln und Bananen in ihren Gärten und ergänzten ihren Speisezettel mit wilden Schweinen und Vögeln, die sie im Wald jagten. Doch die Ankunft der weißen Händler, Missionare und Kolonialherren brachte viele Veränderungen ihrer Gebräuche und ihrer traditionellen Lebensweise mit sich. Die Lau-Menschen fühlen, daß das alte Gleichgewicht der Natur zerbrochen ist, mit tödlichen Auswirkungen auf ihre Selbstversorgerwirtschaft. Viele unserer Ältesten denken, daß der einzige Weg, das Gleichgewicht wieder herzustellen, die Rückkehr zu unserer alten Lebensweise ist. Doch niemand weiß wirklich, wie man dahin zurückkehren kann. Viele haben keine Erklärung dafür, was die Veränderungen bewirkt hat – sie sind verwirrt und entmutigt.

Unsere Natur, unsere Umwelt waren im Gleichgewicht. Wir fingen reichlich Fisch in der Lagune. In unseren Gärten gab es Süßkartoffeln, Taro, Yams, Bananen, Papayas und grünes Gemüse im Überfluß. In den Wäldern jagten wir Wildschweine und Vögel. Wir hatten doch alles, was wir brauchten.

Wir beteten zu den Geistern unserer Ahnen. Wir beteten nach unserer Art und Sitte, und viele unserer Rituale waren mit unseren Ahnen und der Natur verbunden. Wir beteten, bevor wir unsere Gärten anlegten. Wir beteten, bevor wir auf die Jagd gingen. Wir beteten, bevor wir zum Fischfang hinausfuhren. Wir hatten eine besondere Beziehung zu Haifischen, von denen wir glaubten, sie seien die Geister unserer Ahnen. Wir erlaubten nie, daß sie getötet wurden. Wir kannten sie bei ihren Namen. Wir riefen sie, um sie mit Schweinen zu füttern. Wir riefen nach ihnen, wenn wir auf See in Gefahr gerieten, und sie eilten zu unserer Rettung herbei.

Alles war im Gleichgewicht: unsere Gebete, unsere Rituale, unsere Ahnen, die Natur. Wir wußten immer schon, daß sich alles ändern wird, wenn das Gleichgewicht zerbrechen würde. Deshalb war es notwendig, daß unsere Gebete und Rituale ungestört blieben. Dann kamen die christlichen Weissen vor 90 Jahren. Von da an begann sich alles zu verändern.

Es wurde uns gesagt, daß es falsch sei, unsere Ahnen zu verehren. Die Weißen sagten, daß wir unseren Schöpfer anbeten sollten, und zwar nur auf die Art, wie es der weiße Mann tat. Wir wußten schon immer, daß es einen Schöpfer gibt, doch kannten wir ihn nicht. Unsere Ahnen hatten Verbindung mit ihm. Deshalb hatten wir es immer unseren Ahnen überlassen, sich um ihn zu kümmern. Die Weißen erzählten uns Dinge, die sich widersprachen, wir waren sehr verwirrt. Wir wußten nicht mehr, was wir glauben sollten. Wir fanden heraus, daß die Weißen sehr mächtig waren, sie besaßen so viele Dinge, die wir nicht hatten, weder gesehen noch jemals gekannt hatten. Also dachten wir, daß der weiße Mann vielleicht auch im Hinblick auf die Geister recht hatte, weil er so mächtig war und reich, auch weil er soviel wußte.

Wir bekamen Angst, denn die Weißen erzählten uns Geschichten über Himmel und Hölle, Geschichten über schreckliche Strafen. Alles ängstigte und verwirrte uns. Wir durften Rituale, von denen wir glaubten, sie seien wichtig, um das Gleichgewicht zu erhalten, nicht mehr ausüben. Zum Beispiel waren wir Kopfjäger. Wir bewahrten die Schädel unserer erschlagenen Feinde an besonderen Orten auf, die uns sehr heilig waren. Der Besitz der Schädel unserer Feinde gab uns Kraft und half uns, die Lebensweise unserer Ahnen beizubehalten. Wir gebrauchten die Schädel, um unseren Ahnen Opfer darzubringen, die der traditionellen Lebensweise angemessen waren. Da die Ahnen dazu beitrugen, die Natur im Gleichgewicht zu halten, mußten wir die Dinge tun, welche die Ahnen von uns verlangten. Das sei falsch gewesen, sagte der weiße Mann. Unsere Kopfjägerpraktiken gaben wir auf. Heute denken wir jedoch, daß dies der Beginn aller Veränderungen und der Probleme gewesen ist, denen wir uns heute gegenübersehen. Nach und nach vergaßen wir unsere überlieferten Gebete und Rituale. Die Männer unserer Stämme, die spezielle Kenntnisse von der Zauberei und den Zeremonien hatten, gaben dieses besondere Wissen nicht mehr an jüngere Leute weiter, aus Angst, die Weißen würden darüber in Zorn geraten. So geschah es, daß die jungen Männer nie lernten, was wir über viele Generationen als den rechten Weg aufgefaßt hatten.

Unsere Glaubensvorstellungen veränderten sich, unsere Bräuche wandelten sich, und seither ändert sich auch die Natur. Zu Anfang erst allmählich, dann in dramatischer Weise in den vergangenen 20 oder 30 Jahren. Unsere Bevölkerung begann zu wachsen. Früher starben viele Kinder gleich nach der Geburt. Wir betrachteten dies als den Wunsch der Geister. Der weiße Mann brachte, was er Gesundheitsfürsorge nennt, auf unsere Inseln, und die Kinder blieben am Leben. Die Menschen unserer Stämme werden heutzutage älter, dank dem Wissen und der Fürsorge des weißen Mannes.

Unsere Zahl hat zugenommen, aber unser Land wurde nicht größer. Unser ganzes Land wird von Gärten und Bäumen in Beschlag genommen. Früher waren wir in der Lage zu wechseln, konnten alle paar Jahre neue Gärten anlegen, so daß die Gärten wieder Kraft und Fruchtbarkeit gewinnen konnten. Auch vermochten wir früher viele verschiedene Dinge anzubauen: Hier Taro, dort Süßkartoffeln und da drüben Yams. Heute können wir nur entweder Taro oder Yams oder Süßkartoffeln anbauen, weil der Druck auf unser Land so groß geworden ist. Wenn wir unseren Gärten eine Pause gönnen wollen, können wir überhaupt nichts anpflanzen, dann müssen wir Nahrungsmittel kaufen. Aber woher sollen wir das Geld nehmen? Wir können kein neues Land besetzen, weil das Land neben uns anderen Stämmen gehört, welche die gleichen Probleme haben.

Als wir noch genügend Land besaßen, hatten wir große Wälder. Dort jagten wir Wildschweine und Vögel. Doch wir mußten die Wälder wegen der Gärten abholzen. Die Wildschweine und Vögel sind verschwunden.

Unsere Vorfahren hatten viel Fisch in der Lagune: Schnapper, Bream, Rock Cod, Makrelen, Thunfisch, Bonitos, Mullet, Hasenfisch, Papageienfisch, Wahoos. Von diesen Fischarten finden wir immer weniger in der Lagune. Wir müssen auf die Außenseite des Riffs gehen, um sie zu fangen. Um das zu tun, fehlen uns aber die passende Ausrüstung und Boote. Abgesehen davon werden auch außerhalb des Riffs die Fische seltener.

Was ist der Grund dafür? Haben wir überfischt? Hat sich die Umwelt so verändert? Haben wir andere Strömungsverhältnisse – und wenn dies der Fall ist, wie kann das geschehen?

Wir können es nicht erklären. Wir wissen, daß große Fischfabriken aus einer ganzen Reihe von Ländern im Pazifik schwimmen. Manchmal hören wir Geschichten über große Schiffe aus diesen Ländern, die in unseren Gewässern fischen. Sie verwenden Methoden, die uns unbekannt sind. Wir haben sie nie gesehen, aber wir wissen, daß sie sehr viel Fisch fangen. Könnte es sein, daß sie unsere Gewässer von Fischen entleeren? Wir haben vernommen, daß unsere Regierung Einspruch gegen diese Fischerei erhoben hat. Anscheinend vergeblich, wir sind nur ein kleines Land, wer wird uns zuhören?

Wir haben auch vernommen, daß Atombomben im Pazifik explodierten. Auch davon verstehen wir nichts, aber wir haben gehört, daß diese Bomben Menschen und Umwelt zerstören können. Warum tun sie das? Der weiße Mann erzählte nur vom Schöpfer, der erschafft. Er sagte, daß es falsch sei, wenn wir unsere Feinde der Schädel wegen töteten. Er erzählte uns vom Frieden. Warum macht er dann Bomben, die alles zerstören können, was der Schöpfer erschaffen hat? Wir wissen es nicht, aber wir glauben, daß die Explosionen dieser

Atombomben unsere Umwelt beeinträchtigen. Wir werden Zeugen der Veränderung des Klimas, der Gezeiten und der Meeresströmungen. Die Gezeitenwechsel sind viel höher, als sie es früher waren. Ist es wegen des, wie es der weiße Mann nennt, »Treibhauseffekts«? Wir wissen nicht, was das ist, aber sie erzählen uns, daß der Meeresspiegel ansteigt und daß viele Inseln im Pazifik verschwinden werden. Ist das wahr? Werden auch wir verschwinden, weil sich alle unsere künstlichen Inseln, die von unseren Vorfahren vor Jahrhunderten erbaut wurden, gerade über dem Meeresspiegel befinden? Nie gab es Fluten, die alle unsere Korallenbänke bedeckten, wir blieben immer trocken, doch manchmal stehen heute alle unsere Häuser unter Wasser.

Und noch etwas: wir lebten immer mit der Ebbe, die nur eine Stunde oder weniger anhielt, heute sind es manchmal vier Stunden. Große und kleine Fische, Muscheln und Seegras sterben daran.

Wir glauben, daß das Riff, das uns immer beschützt hat, sehr wahrscheinlich einen Schaden davongetragen hat. Wie konnte das geschehen? Wir fühlten uns sicher zwischen Riff und Küste, das war der Grund, warum unsere Vorfahren die künstlichen Inseln aufschütteten. Heute fühlen wir uns nicht mehr sicher. Kommt das auch von den Atombomben im Pazifik?

Es gibt auch mehr Wirbelstürme als in der Zeit unserer Vorfahren, und wir erinnern uns an eine große Gezeitenwelle vor drei Jahren, die von einem Erdbeben ausgelöst wurde und einen großen Teil des Riffs zerstörte. Unsere Vorfahren erzählten nie von Erdbeben. Wir haben gehört, daß ein Wirbelsturm Tausende von Häusern und Gärten auf den Samoa-Inseln zerstört hat. Es ist wahr, daß es bei uns immer Wirbelstürme gegeben hat, wir lernten mit ihnen zu leben. Aber es scheint, daß sie heute häufiger sind und mehr als je zuvor zerstören.

Wasser und Fisch sind uns sehr wichtig. Wir sind von Wasser und Fisch abhängig, mehr noch als von Yams, Süßkartoffeln und Schweinen. Wir könnten nur mit Fisch überleben, wenn wir dazu gezwungen wären. Aber wenn die Fische verschwinden, was dann? Ihr könntet vorschlagen, daß wir große

Kanus bauen und auf die hohe See hinausfahren sollten. Natürlich könnten wir größere Kanus bauen, aber wir haben gar keinen Platz, um Bäume wachsen zu lassen, die groß genug wären, um daraus ein solches Kanu zu schnitzen.

Niemals gehen wir in den großen Wald, der Teile der Hauptinsel bedeckt, weil wir die Leute, die dort wohnen, nicht kennen. Wir haben aber gehört, daß die großen Bäume von dort verschwinden. Wir haben gehört, daß das Abholzen ein großes Geschäft geworden ist. Für wen? Was wird geschehen, wenn alle Bäume verschwunden sind? Wir haben gehört, daß dies sehr schlecht für die Natur sein wird, schlecht für das Klima, schlecht für die Menschen und Tiere, die dort leben und auf den Wald angewiesen sind. Warum hacken sie die Bäume ab? Wir verstehen das nicht.

Soviele Dinge, die sich ereigneten, seitdem der weiße Mann gekommen ist, machen keinen Sinn für uns. Wir waren gezwungen, unsere traditionellen Gebete und unsere Lebensweise zu ändern. Statt ein besseres Leben zu führen, bekamen wir mehr und mehr Probleme, die wir vorher nicht gekannt hatten: weniger Fisch, weniger Früchte aus den Gärten und weniger Holz.

Heute brauchen wir das Geld, das der weiße Mann eingeführt hat. Vorher hatten wir eine Selbstversorgerwirtschaft, aber jetzt sind wir stark vom Geld abhängig, um zusätzliche Lebensmittel, Kleidung und Baumaterial für unsere Häuser kaufen zu können, Steuern zu bezahlen und Schulgeld. Wir könnten Fisch auf dem Markt verkaufen. Aber um genug Fisch zu fangen, müssen wir aufs Meer hinausfahren, weit weg von unserer Insel. Das können wir nur mit einem großen Boot. Wir können dieses Boot nicht bauen, weil wir das Holz nicht haben. Also müssen wir das Boot kaufen, aber wir haben kein Geld.

Heute haben wir Schulen und Erziehung. Was können wir mit dieser Erziehung anfangen? In die Stadt gehen und Arbeit suchen. Auf den Türen und Fenstern der Läden und Fabriken finden wir nur »Keine Arbeit« angeschrieben. Unsere jungen Leute haben unsere traditionelle Lebensweise vergessen, doch mit ihren neuen Kenntnissen bekommen sie keine Arbeit. Sie werden sehr unzufrieden, und viele von ihnen tun verrückte Dinge. Es wird nicht mehr lange dauern, bis sie zum Stehlen und Rauben übergehen. Oder sie werden untätig darauf warten, daß ihnen jemand hilft. Warum bekommen wir keine Ausbildung, die zu unserem Dorfleben paßt? Ein Zimmermann könnte uns beibringen, wie man neue Dinge aus altem Material herstellt. Wir könnten lernen, wie man effizienter fischt. Wir könnten andere und bessere Methoden lernen, unsere Gärten anzulegen und instand zu halten. So etwas lernen wir nicht, stattdessen erhalten wir eine »moderne« Erziehung, die uns nur noch hilfloser, verlorener und verwirrter werden läßt.

Seit der Ankunft des weißen Mannes hat sich alles verändert. Wir wissen nichts mehr über die Verbindung zwischen uns und der Natur. Die christlichen Kirchen haben uns verändert und auch unser Denken. Wir verhalten uns oft auf traditionelle Weise, aber die Bedeutung hat sich geändert, viele alte Dinge sind vergessen. Die alten Leute wußten genau, wann man fischen gehen mußte und wann nicht. Sie wußten auch, wann man das Fischen in bestimmten Fanggründen aufgeben mußte. Warum wurde das alles vergessen?

Wir glauben, daß es daran liegt, daß wir nicht im Einklang mit unseren Traditionen handeln. Wir wurden übermäßig von anderen Denk- und Handlungsweisen beeinflußt. Manchmal denken wir, daß die Weißen die Welt vernichten werden. Sie verderben das Meer, sie verderben die Wälder, sie verderben die Luft und sie verderben das Land. Wir klagen sie deswegen an. Sie handeln nicht sorgfältig genug, um herauszufinden, was gut und was schlecht für die Menschen ist. Warum tun sie das?

Wir denken, daß die Weißen die Herrscher der Erde sein wollen. Sie möchten alle materiellen Dinge beherrschen, und deshalb zerbrechen sie das Gleichgewicht der Natur. Wie kann man die Erde heilen? Das wichtigste ist, in Frieden zu leben. Wenn alle in Frieden leben, werden alle mit der Natur glücklich sein. Doch wir denken, daß es dafür schon zu spät ist, die Natur ist schon zerstört. Die Umwelt wird immer ärmer, und das verursacht immer mehr Veränderungen.

Können wir zu unserer alten Lebensweise zurückkehren? Wir glauben nicht. Es wäre das Beste, was wir tun könnten, den alten natürlichen Traditionen zu folgen. Es ist zu spät. Ihr Weißen solltet in Frieden miteinander leben, so daß wir alle unseren Frieden haben. Ihr beherrscht die Welt, aber ihr habt der Luft und dem Meer eine Menge Böses angetan, und wir, auf der anderen Seite der Welt, müssen darunter leiden.

Sie trampelten auf unseren Tabus herum

von
Damien Arabagali

(Huli/Papua-Neuguinea)

erzählt für Herbert Paulzen

Damien Arabagali, ein Gemeindesprecher in Toroba, nördlich von Tari auf Papua-Neuguinea, ist einer der ersten westlich erzogenen Huli. Sein Großvater war ein sogenannter »Großer Mann«, ein Mann von herausragendem Charakter, wie er Kriegern, Zauberern und Rednern zukommt. Auch heute noch spielen die »Großen Männer« eine bedeutende Rolle bei den Stämmen, die keinen eigentlichen Häuptling haben.

Arabagali hat mehrere Aufsätze über die Veränderungen, denen seine Gesellschaft unterworfen war, verfaßt und schloß kürzlich ein Buch über die Beziehungen zwischen eingeführter christlicher Religion und der Huli-Gesellschaft ab. Arabagali vermittelt oft bei Konflikten, die sich aus den Schäden ergeben, welche die Gold-, Erdöl- und Erdgasförderung anrichtet. Im Tari-Becken, der südlichen Hochlandprovinz von Papua-Neuguinea, in einem Sumpfgebiet umgeben von spektakulären Kalkfelsen und buschbedeckten Bergen, lebt das Volk der Huli.

Die Huli sind eine der größten Sprachgruppen von Papua-Neuguinea. Vor der Ankunft der ersten Weißen vor etwa 50 Jahren gab es etwa 150000 Huli, die in zahlreiche Stämme und Clans aufgeteilt waren. Sie waren durch viele gemeinsame Sitten und Handelsbeziehungen miteinander verbunden. Sie hatten auch eine gemeinsame Form der religiösen Verehrung, die auf der Vorstellung von heiligen Plätzen beruht. Sie lebten in einem, wie sie selbst sagen, perfekten Zustand der Harmonie mit ihrer Umwelt. Viel von ihrer traditionellen Lebensweise ist seit dem Kontakt mit den Weißen in den fünfziger und sechziger Jahren zusammengebrochen. Die Aktivitäten von Missionare zerstörten nicht nur Teile des traditionell spirituellen Lebens, sondern verursachten auch großen Schaden im Hinblick auf die natürliche und kulturelle Umwelt.

Die Kolonialverwaltung spaltete die »Huli-Nation« durch neue, willkürliche Grenzziehung. Seit der Unabhängigkeit Papua-Neuguineas 1975 hat sich die fortschreitende Konfrontation mit der äußeren Welt beschleunigt. Heute ist das Gebiet ein Schwerpunkt größerer Erschließungsvorhaben von Gold-, Erdöl- und Erdgasvorkommen, die wahrscheinlich große Auswirkungen auf die Umwelt haben werden.

Die Erschaffung der Erde begann mit dem Ausbruch eines Vulkans auf der Sonne. Steine wurden durch das Universum geschleudert. Aus einem der Steine wurde die Erde. Dies haben uns die Vorfahren erzählt. Unserem Glauben zufolge wurden auf der Erde zuerst die Bäume geschaffen. Dann bevölkerte sich die Erde mit Geistern, und die Geister wurden zu Menschen.

Die Umwelt, in der wir seither gelebt haben, ist wie eine Kette. Die Sonne, die Sterne, die Bäume, die Schweine, die Vögel und alle anderen Geschöpfe, schließlich auch der Mensch sind Teil dieser Kette. Alle sind miteinander verbunden. Wir gehören alle zum Universum. Wir sind Nachkommen der Sonne. Wir leben in einer spirituellen Welt.

Seit der Zeit unserer Vorfahren lebten wir in völliger Eintracht und Gleichmäßigkeit. Deshalb wurde die Natur in allen unseren Zeremonien immer sehr hoch geschätzt. Unsere Stämme, Clans und Familien sind mit anderen Geschöpfen verbunden: mit Adlern, Schweinen, Bäumen oder direkt mit der Sonne.

An heiligen Orten verehrten wir die Geister, in besonderen Wäldern, auf besonderen Bäumen, an besonderen Seen. An einigen Orten des Gebets fanden wir runde Steine, die wir die Eier der Sonne nannten.

Niemandem, außer unseren Priestern mit besonderer Kenntnis der Geister, war es erlaubt, die heiligen Orte zu betreten. Es war uns nicht gestattet, dort zu jagen, herumzulaufen oder Bäume zu fällen. Wir pflegten diese Orte unsere Himmel zu nennen, denn bestimmte, riesige Bäume wurden von unseren Vorfahren benutzt, um nach oben aufzusteigen. Sie folgten den Vögeln, die in die Richtung der Öffnung zum Universum flogen.

In solchen heiligen Bezirken war der Einklang mit der Natur vollkommen. Jeder Stamm hatte einen solchen Ort, der durch viele Tabus geschützt war.

Doch die Harmonie gab es nicht nur an solchen Orten. Regeln bestimmten alle unsere Beziehungen mit der Umwelt. Junge und früchtetragende Bäume wurden nie gefällt. Heilpflanzen und Bäume, die uns mit Medizin versorgten, waren immer geschützt. Bestimmte Tiere wurden nie getötet. Hunde, Katzen, Eidechsen und Opossums wurden sogar als Brüder betrachtet. Alle natürlichen Vorräte wie Salz, Öl und glänzende Steine hatten für uns besondere Bedeutung. Wir nutzten sie, um mit unseren Nachbarn Tauschhandel zu treiben oder um uns selbst zu schmücken.

Jedes Gebiet war zwischen den Stammesgruppen aufgeteilt. Jede Stammesgruppe nutzte das Land gemäß unserer traditionellen Beziehungen zur Natur. Die Gärten waren von den Jagdgründen getrennt. Hartholz wurde nur für den Bau unserer Häuser verwendet. Nie wurde Hartholz, das Holz von Obstbäumen und natürlich auch nicht das Holz unserer heiligen Bäume als Feuerholz verwendet. Es gab den völligen Gleichklang zwischen Menschen, Tieren und der Natur. Menschen, Vögel und Geister waren in besonderer Weise verbunden. Das Überleben des einen beruhte auf dem Überleben des anderen. Das Gleichgewicht war die Garantie für das Überleben. Regelmäßige und zahlreiche Zeremonien erhielten diese Beziehungen aufrecht. Der Mensch stand nie über der Natur. Jede Gemeinde fühlte sich als Teil der Umwelt. Der Gemeinsinn war sehr stark, denn jeder hatte seinen Platz in der Gemeinde.

Doch dann kam der weiße Mann, und die Einheit der Gemeinschaft sah sich einem individuellen Vorgehen gegenüber, das uns völlig fremd war. »Ich« wurde zur Hauptsache. Die »Anderen« wurden zu Sprossen einer Leiter. »Ich« mußte überleben, »ich« mußte unabhängig werden, »ich« mußte »mich« entscheiden. Ziemlich bald wurde das Ergebnis von alldem sichtbar: Wir nennen es Gier.

Eine große Verwirrung befiel unsere Leute. Unsere Ältesten beobachteten die ersten weißen Männer und hörten ihnen genau zu. Wie sie aßen, wie sie schliefen, was sie und wie sie etwas taten. Die alten Männer erinnerten sich der Prophezeiungen unserer Vorfahren von der Ankunft der weißen Männer.

Unsere Leute fanden die ersten Missionare sehr interessant. Sie schenkten ihnen Opferschweine. So hatten es unsere Leute immer gehalten. Priester mußten Schweine opfern, damit der Boden angereichert und fruchtbar wurde, die Jagd ertragreich und das Wetter günstig. Doch die Priester fragten:

»Warum?« Sie nahmen die Opfergaben nicht an und sagten unseren Leuten, daß ihnen dies nicht mehr erlaubt sei. Bald hatten wir alle möglichen Arten von Krankheiten, die wir zuvor nicht gekannt hatten. Kämpfe brachen aus – häufiger, als sie bei uns traditionellerweise üblich waren. Die Verwirrung und Richtungslosigkeit war vollständig. Unsere traditionellen heiligen Plätze wurden zerstört. Der Gleichklang war verschwunden.

Bäume wurden gefällt, die nach unseren Vorstellungen nie abgeschnitten werden durften. Sägewerke wurden errichtet. Pinienbäume an unseren besonderen heiligen Orten wurden abgeholzt, um Missionshäuser zu bauen. Unsere heiligen Plätze wurden als böse bezeichnet. Unsere Bäume wurden abgeholzt und weggeschleift, sogar außer Landes gebracht, und diese Bäume wurden nie wieder nachgepflanzt. Auf diese Weise trugen die Missionare direkt zur Zerstörung der Natur bei. Wir mußten in Zwangsarbeit Straßen bauen, die genau durch unsere heiligen Plätze verlaufen, durch Pilzsammelgebiete, durch Jagdgründe, Vogelbrutgebiete und durch die Gärten. An den Straßen wurden Gebäude errichtet und dabei mehr und mehr Holz verbraucht.

Neue Straßen und Landepisten öffneten das Land, das generationenlang durch Stammesgrenzen und Tabus abgeschlossen und abgeschnitten war. Dies brachte Menschen zusammen, die zuvor Feinde gewesen waren. Das hätte eine gute Sache sein können, doch traf es uns unvorbereitet, vor allem die vielen plötzlichen Veränderungen, die es im gesellschaftlichen Leben mit sich brachte.

Von allen diesen Einflüssen wird die Zerstörung der heiligen Plätze durch die Missionare von vielen von uns als das Allerschlimmste empfunden, es kam zu einem allgemeinen Aufruhr. All die großartigen Pinienbäume und andere Wälder, die diese Orte kennzeichneten, wurden abgeholzt und an die Sägewerke verkauft. Die Weißen nahmen unser Holz, um Schulen und Krankenhäuser zu bauen, vor allem aber ihre eigenen Luxushäuser. Natürlich gab es Proteste, aber die Unterschriften der Anführer unseres Volkes veranlaßten die betreffenden Missionare oder die neue Provinzregierung nicht zu einer Antwort.

Mit der Öffnung unserer Gebiete hielten neue Werte Einzug, die wir nicht verstanden. Auf Tabus wurde herumgetrampelt. Dies hatte enorme Auswirkungen auf unsere traditionellen Werte und die Diszplin unserer Jugend. Es gab einen Ansturm auf die Plantagen an der Küste. Dort stießen unsere Leute auf eine ganze Reihe neuer Ideen, und als sie in unsere Gemeinden zurückkehrten, brachten sie diese Ideen mit. Mit einer anderen Sprache und einer anderen Art Selbstbewußtsein kehrten sie in ihre Siedlungen zurück. Die alten Werte wurde allmählich unscharf. Zuvor undenkbar, traten auf einmal Auseinandersetzungen zwischen den Generationen auf, zwischen denen, die an den Sitten festhielten, und jenen, die von den Gebräuchen der Weißen beeinflußt wurden.

Die Ältesten verstanden diese vollständige Verwirrung nicht. Die Welt veränderte sich vor ihren eigenen Augen, und sie konnten es nicht verhindern. Viele kamen mit all diesen Veränderungen nicht zurecht. Der Riß im gesellschaftlichen Leben war eingetreten und es gab kein Zurück mehr.

In der traditionellen Gesellschaft hatte jeder Mensch eine besondere Aufgabe. Jetzt wurde daraus das »Überleben des Tüchtigsten«. »Ich«, »ich«, »ich«, »mein«, »mein«, »mein«. »Ich« kann sich über jeden hinwegsetzen, um zu bekommen, was »Ich« will.

Die Menschen versuchten ihre Grenzen zu überschreiten. Die Jungen fühlten sich mehr vom Reichtum der Weißen angezogen: Äxte, Kleider, Geld, besonders vom Geld. Das Geld veränderte unsere Selbstversorgungswirtschaft und wurde zur »Straße allen Unheils«.

Das selbstsüchtige Denken, das die Europäer einführten, hat noch nicht vollständig Fuß gefaßt, es gibt noch immer den Gemeinsinn. Das traditionell ausgeübte Teilen des Reichtums nimmt heutzutage besonders unter den besser ausgebildeten Menschen unseres Volkes sehr schnell ab. Das alte Verständnis von der Verbundenheit mit allem, die traditionelle Art, Respekt zu erweisen und Disziplin zu bewahren – all das ist im Schwinden begriffen. Schaut euch an, was wir jetzt in der Schule lernen. Es ist vollkommen unwichtig zu wissen, wie man ein Europäer wird. Es gibt kein Gruppenzugehörigkeitsgefühl mehr. Kein Empfinden für das Land. Der Traum vieler ist es heute, auszuwandern, schnell reich zu werden und Karriere zu machen!

Seht doch, was mit unserem Land geschieht. Die Gebildeten finden keine Arbeit. Sie schlagen sich in den Städten durch, frustriert und undiszipliniert. Sie werden kriminell und damit zu einem Sicherheitsproblem, das Reisen ist gefährlich auf unseren neuen Straßen, auch nur herumzulaufen, ist schon gefährlich. Es ist soweit gekommen, daß die Polizei unsere eigenen Leute niederschießt, daß die Fremden das Land verlassen und gesetzestreue Bürger sich hinter Stacheldrahtzäunen verstecken.

Dies ruiniert den Ruf unseres Landes in der Weltpresse. Ich denke, daß noch immer die Chance besteht, diesen Niedergang zu stoppen und die Zerstörung der Umwelt zu beenden. Setzt diszipliniertes Verhalten wieder durch. Die jungen Leute sollten unseren Stammesführern wieder zuhören. Die jungen Leute sollten die traditionelle Lebensweise erlernen, bevor sie »moderne« Schulen besuchen. Diese Schulen sollten sich mehr auf das Land beziehen. Unsere jungen Leute sollten in der Schule lernen, wie man der Natur mit Achtung begegnet, wie Bäume gepflanzt und geschützt werden, wie man Gemüse zieht, wie man für Trinkwasser sorgt, wie das eigene Haus gebaut wird, wie man Zimmermann oder Gärtner wird. Es werden handwerkliche Kenntnisse benötigt, die für ländliche Gebiete wichtig sind, damit immer eine Grundlage vorhanden ist, zu der man zurückkehren kann. Die Erziehung muß zurück auf's Land geholt werden. Die Erziehung muß im Einklang mit der Umwelt stehen.

Das System ist noch da, es wird aber nicht mehr genutzt. Die Regierung scheint das nicht zu sehen. Es sollte mehr Zusammenarbeit und Koordination zwischen den Ministerien für Fortwirtschaft, Arbeit und Erziehung geben. Das Schulsystem sollte aufhören, Versager zu produzieren. Ihr müßt aufhören, den Leuten einzureden, daß sie Abschaum seien, wenn sie versagen.Nur deshalb denken unsere Leute, daß Schulbildung Zeit- und Geldverschwendung ist. Die Zukunft liegt in den Händen der gegenwärtigen Politiker. Ich, ein Huli, will etwas für die Zukunft beitragen.Wir haben den Wendepunkt erreicht. Wenn wir die richtige Art politischer

Führer finden, könnten wir die Korruption stoppen, die gegenwärtig einer wirklichen Entwicklung im Weg steht. Wenn nicht, wird unser Land auf einen Abgrund zurasen. Wenn dies einmal begonnen hat, wird es keine Möglichkeit geben, dem Einhalt zu gebieten. Die heutige Situation hat alle Bauteile einer Zeitbombe zusammengefügt.

Doch wir haben noch eine Chance. Noch immer haben wir Grund zur Hoffnung und Zuversicht. Irgendwie müssen wir eine Verbesserung unseres Lebens in Übereinstimmung mit den Vorgaben unserer kulturellen Wurzeln finden. Wir müssen einig sein. Doch wir leben nicht in Frieden, und solange es keinen Frieden in diesem Land gibt, werden wir nichts erreichen.

Wir wissen nicht wie. Zu groß ist die Verwirrung, sogar innerhalb meiner Gruppe. Wie soll man das richtige Gleichgewicht zwischen weißen und traditionellen Werten finden?

Ist die Erde krank? Ja, unsere Vorfahren sagten voraus, daß wir die Erde krank sehen würden. Wenn das Kunai-Gras in den Sümpfen vertrocknet. Wenn wir Gärten anlegen an den Orten, wo einst die Pinienbäume wuchsen. Wenn die wilden Pandanus-Bäume verschwinden, wenn die Vögel wegfliegen, wenn die Schweine und die Kinder kleiner würden, wenn die Frauen Kinder bekommen, die nicht mehr wie ihre Väter aussehen.

Dies geschieht bei uns. Wir bewegen uns auf einen Zeitpunkt zu, an dem das Land sagen wird: »Ich kann nicht mehr.« Unser Land wurde wieder und wieder verbraucht. Es kann sich nicht mehr erneuern. »Mir reicht es«, sagt die Erde. Es sieht so aus, als ob jetzt der Beginn riesiger Hungersnöte einsetzt. Ich kann es vor meinen Augen sehen: Die riesigen Bäume verschwinden, das ist ein Zeichen. Schaut unsere Gärten an, sie sind kleiner als zu der Zeit, als ich jung war. Früher konnten wir von unseren Gärten leben. Heute können uns dieselben Gärten nicht mehr ernähren. Die Gärten sind übernutzt. Wir erlauben dem Land nicht mehr, seine Fruchtbarkeit zurückzugewinnen, wegen des Bedarfs unserer ständig wachsenden Bevölkerung.

Mit unseren Wäldern ist es das gleiche. Wir brauchen mehr und mehr Baumaterial, für mehr Häuser, mehr Straßen und mehr Fabriken. Dem Land und den Wäldern wird keine Atempause zugestanden. Es gibt kein Land mehr, das man urbar machen könnte. Und weil es immer weniger Bäume gibt, wäscht der Regen den Boden fort. Der Zeitpunkt, an dem unsere Gärten sagen werden: »Tut uns leid, Freunde, wir können nichts mehr wachsen lassen«, rückt schnell näher.

Auf unserem Land liegen Berge von Gold, die von Wäldern bedeckt waren. Unsere Leute gingen dort auf die Jagd nach Vögeln und Wildschweinen, und sie pflegten dort Nüsse, Kräuter und Pilze zu sammeln. Aus den Bergen strömten viele Flüsse, die uns mit Trinkwasser und Fisch versorgten. Schaut euch an, was jetzt geschieht, seitdem Geologen den versteckten Reichtum dieser Berge entdeckten und Regierung wie Gesellschaft begriffen, was dies für sie bedeuten könnte. Der Bergbau setzte ein, ohne Rücksicht darauf, was diese Berge uns bedeuteten. Gier brachte unsere eigenen Leute soweit, auf der Suche nach Gold den Boden umzugraben. Die Bäume wurden abgeholzt. Große internationale Bergbaugesellschaften schafften riesige Maschinen mit Hubschraubern hinauf und begannen zu bohren. Chemikalien und andere Abfälle tropften in das Wasser der Flüsse und sickerten in den Boden. Alle möglichen Abfälle wurden in die Umwelt gekippt. Die Menschen trinken das Wasser, die Leute waschen mit dem Wasser, mit dem verdreckten Wasser. Bald wird die Verschmutzung in ihre eigenen Körper eindringen und sich dort über Generationen hinweg anreichern. Ganz zu schweigen davon, welche Auswirkungen der Bergbau auf unser gesellschaftliches Leben hat, die zerissenen Familien, der Zusammenbruch der Sitten, der Mißbrauch von Alkohol, die Streitigkeiten, die Prostitution.

Jetzt beschweren sich unsere Leute. Es gibt keine Wiedergutmachung für die Schädigung und Zerstörung der Pflanzenwelt. All diese Bäume, Farne und Kräuter, von denen unsere Leute zu essen pflegten, sind verschwunden. Das Land wurde abgeholzt, der Mutterboden der Abhänge fortgespült. Was übrig bleibt, ist nur das Skelett der Natur.

Wir opfern das Land und die Umwelt für 10 oder 15 Jahre Entwicklung, doch es werden davon Narben für unzählige Jahre zurückbleiben. Und wer hat den Vorteil davon? Unsere

Stämme nicht. Unsere Gebiete nicht. Es sind nicht wir, die den Vorteil der Minenerträge genießen, auch nicht unsere zukünftigen Generationen. Das Geld, das jetzt in all diesen Bergwerken verdient wird, verläßt die Gegend und verschwindet in den Händen von Gesellschaften und Institutionen, die wir nicht kontrollieren können. Das Geld verschwindet schnell, doch die Narben bleiben, sie verheilen nicht. All diese Orte werden vergewaltigt.

Unsere Gemeinden und unsere Umwelt leiden unter der Entwicklung, die unseren einheimischen Leuten nicht zugute kommt. Oh ja, es ist wahr, Krankenhäuser und Schulen werden gebaut und Arbeitsplätze geschaffen. Es gibt auch gute Elemente, sicher. Doch bei genauerem Hinsehen erkennt man Billiglöhne und Ausbeutung. Der Preis, den wir für eine zerstörte Umwelt bezahlen, ist zu hoch. Wir opfern unsere Natur für schnelles Geld. Unsere Anführer verkaufen unser Land. Unser natürlicher Reichtum wird geplündert. Wir haben keinen Gewinn davon. Und was bleibt, sind Wunden, die niemals verheilen werden. Ist das Entwicklung? Und danach? Elend für unsere Menschen. Die Verschmutzung durch Chemikalien hat bereits Schweine und auch Menschen getötet. Wieviele noch werden darunter leiden müssen? Es könnte anders sein. Wir könnten den Bergbau selbst auf eine verantwortungsvolle Weise betreiben, Schritt für Schritt, mit Rücksicht auf die Umwelt.

Die Weißen betrachten den Menschen als höchstes Geschöpf. Wir betrachten den Menschen als Glied einer Kette. Diese Kette ist zerbrochen. Natürlich ist der Mensch ein wichtiges Geschöpf, doch er trägt auch Verantwortung. Wenn er das höchste Geschöpf ist, wie sich die Weißen vorstellen, dann sollte er auch die höchste Verantwortung übernehmen. Tiere, Bäume, die Natur – sie alle haben ebenfalls Rechte.

Ich denke, daß die Natur die fehlende Ehrerbietung zurückzahlen wird. Schaut euch um! Es wird heißer, trockener, und der Boden wird fortgeschwemmt. Hier im Land der Huli verstecken sich die Leute vor der Sonne. Früher war das nicht üblich. Das Land ist trostloser als jemals zuvor. Deshalb müssen die Leute härter arbeiten. Seht, wie mager sie sind. Und wegen der Entwaldung haben wir Überschwemmungen wie nie zuvor. Man kann es sehen, unsere fruchtbaren Sümpfe, in denen wir unseren Kakao und unsere Süßkartoffeln anpflanzen, trocknen aus. Bald wird es keine Sümpfe mehr geben, was dann?

Was ist der Grund dafür? Ich denke, es ist die Gier. Etwas im Menschen muß böse sein. Die Gewissenlosigkeit und Selbstsucht im Kampf ums Überleben. Die Regierungsorganisationen, die großen Unternehmen und Wirtschaftsorganisationen sind unmenschlich geworden: Profit um jeden Preis, egal was es für Folgen hat.

Ich denke, daß es noch immer nicht zu spät ist. Wir haben noch eine Chance, wenn die richtigen Anführer ihre Verantwortung übernehmen. Doch ist dies nicht nur eine Angelegenheit der Staatschefs. Die Menschen auf der Welt müssen sich gemeinsam aufmachen, um Seite an Seite ihrer Verantwortung gemäß zu handeln. Die Welt sollte sich auf die richtige Sache einigen.

Wir müssen um das Überleben der Menschheit kämpfen. Wir müssen gemeinsam kämpfen.

Mein Volk ist zu gutgläubig.Wir Anführer und zukünftigen Anführer müssen es auf das aufmerksam machen, was um es herum geschieht . Und nicht nur hier im Land der Huli, sondern überall im Land, überall in der Welt. Die Zeit ist reif für einen weltweiten Aufruf. Wir sollten unsere Isolation aufgeben. Wir sollten Verbindungen mit Einzelnen, Organisationen, Politikern und Umweltschützern in der ganzen Welt aufnehmen. Gemeinsam sollten wir in der Lage sein, festzustellen was genau und wer die größten Umweltschäden weltweit anrichtet. Informationen sollten verbreitet werden darüber, was passiert und wo, wer etwas zu verantworten hat. Und aufgrund dieser Kenntnisse sollte gehandelt werden, weil wir müssen! Wir müssen uns um unser Überleben kümmern. Wir müssen an unsere Kinder denken. Jetzt muß die Sprache des Handelns gesprochen werden. Jetzt müssen Taten sprechen.

Eine Weltumweltschutzorganisation sollte gegründet werden, eine globale Organisation, eine unabhängige Organisation. Wirtschaftsunternehmen und Regierungen sollten verpflichtet werden, unabhängige Umweltexperten zu bezahlen. Den Ratschlägen dieser unabhängigen Experten muß dann

Folge geleistet werden, nicht den sogenannten Experten der Konzerne.

Ich bin der Meinung, daß die Vereinten Nationen, wenn sie die Verantwortung für einen Krieg zum Schutz der Interessen der Ölgesellschaften übernehmen, dann auch die Verantwortung für den Schutz der Umwelt der Nationen haben.

Iharang - die Pflanze der Heilung

von Dambutja Datarak

(Aborigene/Australien)

erzählt für B. Wongar

Dambutja Datarak war Medizinmann eines Aborigine-Volkes nahe Yirkala im nordöstlichen Arnhemland in Australien. Er starb 1983 an den Auswirkungen der Strahlenkrankheit. Vor seinem Tod erzählte er die tragische Geschichte seiner Gemeinde dem Romanautor und Dichter B. Wongar, einem Exil-Serben, der in den sechziger Jahren nach Australien auswanderte und eine Frau aus Dataraks Volk heiratete. Auch Wongars Frau starb an der Strahlenkrankheit.

In den frühen siebziger Jahren entstand ein großes Bergwerk aus dem unberührten Busch auf der Gove-Halbinsel, einem abgelegenen Gebiet des Arnhem-Land-Reservats. Es gibt keine Straße, die Gove mit dem Rest des Landes verbindet. Die nächste Stadt ist Darwin, etwa 700 Kilometer westlich quer durch die von Stämmen bewohnte Wildnis. Die Nabalco-Bergbaugesellschaft verfrachtete eine ganze Bergwerkseinrichtung auf dem Luft- und Seeweg hierher. Mehrere tausend weiße Arbeiter brachte sie ebenfalls mit. Vor ihrer Ankunft gab es nur eine Handvoll weißer Missionare in der ganzen Gegend.

Die ankommenden Weißen hielten mit ihren Schiffen, Flugzeugen und Hubschraubern Einzug. Sie sprengten den Busch weg und verängstigten die Seelen der Aborigines. Unser Eingeborenenvolk, die Yuln, lebt seit 2000 Generationen in der Gegend von Gove, sie waren wirtschaftlich autarke und kulturell unabhängige, friedfertige Menschen.

Gelehrte aus der ganzen Welt kamen häufig, um die Gegend von Gove zu besuchen, etwas über unsere Stammeslieder zu lernen, die an den Anfang der Zeiten zurückgehen, über unsere Kunst und unser zeremonielles Leben. Unsere Stammesältesten – Mauwulan, Djawa, Djunal und andere – wurden oft in Büchern und wissenschaftlichen Arbeiten dargestellt. Trotzdem gibt es im ursprünglichen Pachtvertrag über unser Stammesland keine Zeile über unser Volk und unsere Kultur. Der *maruqit,* der Heilkundige des Stammes, muß sich um beides kümmern.

Es vergeht kein Tag, an dem ich nicht von meiner Galei (Frau) höre. Sie ist draußen im Busch und heult – oft bei Nacht. Ich erwache davon, höre ihre Rufe und frage mich, ob sie in einer Stahlfalle gefangen sitzt.

Ich habe Galei mein ganzes Leben lang gekannt, vielleicht sogar länger. Das Leben reicht weiter zurück als bis zu dem Tag, an dem ein Yuln geboren wird, es endet auch nicht damit, daß er stirbt. In Wanga, dem Land meines Stammes, wird jede Seele wiedergeboren – du könntest ein Baum werden, ein Vogel oder ein Dingo. Aber das war, bevor *Balanda,* der weiße Mann, kam. Warum heult Galei?

Vom Nandjaranga-Kap, einem heiligen Ort, erstreckt sich das Buschland unseres Stammes an der Küste über viele Lagerplätze hin. Die Weißen nennen es Arnhem Land Reservat oder »Land des schwarzen Mannes«. Mir wurde erzählt, daß es dort im Busch mehr Bäume und Dingos gibt, als die Weißen zählen können. Vielleicht gibt es dort draußen mehr Seelen des Stammes als Tropfen in einem Monsunregen. Ich sprach oft mit Galei darüber; das war, bevor sie mich verließ.

Ich sah Galei zum erstenmal, als sie noch ein Kleinkind war. Ein großer Baum war auf den Lagerplatz gestürzt und hatte sie böse verletzt. Sie riefen Mali, meinen Onkel, herbei, denn er war der Heilkundige des Stammes. Der alte Mann schnappte seine Sammeltasche und eilte mit mir zu Hilfe. Unterwegs half ich ihm, trockenes Gras und Zweige zu sammeln, um ein Feuer zu machen und den Rauch zu verteilen. Er lehrte mich, daß Leute, die auf dem Weg sind, um einem Verletzten beizustehen, durch einen Rauchvorhang gehen sollten, so daß sie keine Fliegen mit sich brächten. Wir machten sogar noch ein Feuer, bevor wir das Lager erreichten, um den Busch mit Rauch zu erfüllen, damit Fliegen und Käfer vertrieben wurden. Die Haut ganz gelblich verfärbt, zuckte Galei wie der abgestreifte Schwanz einer Eidechse. Sie hatte eine große blutende Wunde an einer ihrer Hüften.

Mari zerdrückte Knospen der weißen Buschlilie in einer Schöpfkelle und weichte sie darin ein. Bevor er die Wunde mit dem Zeug wusch, entfernte er vorsichtig alle Holzstückchen und allen Schmutz, der daran war, dann zog er die zerfetzte Haut zusammen. Auf die Wunde legte er *Mabanda* (gelben Hibiskus), den er über dem Feuer erwärmt hatte. Galei zuckte weiterhin, weinte aber nicht. Vielleicht hatte sie Angst oder war zu schwach, um einen Laut von sich zu geben. Die Verletzung wurde mit Streifen aus *Mabanda*-Rinde verbunden. Der alte Mann bat mich, einen Armvoll *Gadayka* (Papierrinde) zu bringen, damit Galei darauf liegen könnte und es warm hätte.

Mari sang in dieser Nacht, wie es Heilkundige oft tun, rief nach den Vorfahren in *Bralgu* (unserer Geisterwelt), um ihre Hilfe zu erbitten. Kein Ahne antwortete, doch ein einzelner Dingo heulte aus dem Busch. »Sie wird es überleben.« Er erzählte mir, daß der Dingo häufig Botschaften unserer Ahnengeister an die Leute in Wanga weitergab. Ich war damals noch jung und lernte die Geheimnisse der Heilkunst. Der alte Mann erzählte mir, daß jemand, der zu einem *marugit* heranwuchs, nicht nur über die Menschen, sondern auch über die *Waragon* also über Dingos, Bäume und alle anderen Wesen Bescheid wissen muß.

»Wir gehören alle zum selben *Mala* (Volk).« Ich muß Galei davon erzählt haben.

Zum Glück für Mari lebte zu der Zeit, als er Heiler war, kein *Balanda* (Weißer) in Wanga. Hin und wieder fuhr ein Dampfschiff um Kap Nandjaranga herum und stieß dicke Rauchwolken aus. Unsere Leute dachten, daß die *Balanda* auf einem Floß reisten und daß sie es angezündet hätten, um ihren Kessel über das Feuer zu hängen und Tee zu machen. Unsere Frauen und Kinder hielten sich vom Ufer fern, sie fürchteten, daß der Dampfer näher käme und *Balandas* aufs Land übersetzen könnten. Ich habe oft daran gedacht, Mari zu fragen, warum einige unserer Leute landeinwärts vor den *Balanda*-Männern davonlaufen mußten, und dachte, daß er es mir zu gegebener Zeit schon erzählen würde.

Solange ich zurückdenken kann, sagten die Leute, daß es seit der Traumzeit in Wanga keinen so guten Heilkundigen gegeben hätte wie Mari. Solange er da war, litt kein Yuln an ausgekugelten Fingergelenken, Durchfall oder hohem Fieber. Die richtigen Heilpflanzen wuchsen schon immer im Busch. Die Leute dachten oft, daß er das Leben sogar in einen Baum zurücksingen konnte, der vom Blitz getroffen worden war.

Die Kunde von ihm muß weit über Wanga hinausgelangt sein. Missionsleute, die küstenabwärts einige Lagerplätze weit lebten, schickten oft einen Nachrichtenstab mit etwas Malzzucker; das bedeutete, daß seine Hilfe gebraucht wurde. Beide, Galei und ich, hofften, daß er uns eines Tages erzählen würde, warum unsere Leute in den Busch flüchteten, wenn dieser Dampfer um Kap Nandjaranga auftauchte.

Mari erzählte mir immer wieder, daß Wanga während der Traumzeit eine vollständig von Sand bedeckte Ebene gewesen war. Termitenleute lebten damals dort, die Bäume,

Wurzeln, einfach alles aßen. Weil es so viele von ihnen gab, war das Land bald ohne Nahrungsmittel, und sie mußten sich stattdessen gegenseitig aufessen. Unsere Ahnengeister, die zu dieser Zeit vom Meer her kamen, trennten den Sand von den Felsen und brachten Bäume in das kahle Land.

Sie machten Mangrovensümpfe, Wasserläufe und einen starken *Billabong* (Bach) in der Mitte von Wanga. Nahe dem Bach lag Nongara, der Ort der Zeremonien.

Bevor sie nach Bralgu gingen, gaben die Vorfahren den Yuln die Geheimnisse des Regens weiter. Vor der Ankunft des Monsuns versammeln sich die Männer am Nongara-Platz und singen für die Wolken. Der alte Mari sagte mir, daß die Wolken durch die Mädchen des Stammes, wenn sie nach Nongaru zur Initiation geführt werden, von der hohen See nach Wanga gelockt würden. Jede von ihnen hatte ihre Haut mit *Malnar* (rotem Ocker) und Känguruhfett bemalt. Die Mädchen warteten in einem Hain mit Iharang-Büschen darauf, den Zeremonialort zu betreten und mit der Spitze eines Bumerangs zu einer Frau gemacht zu werden. Jeder von ihnen wurden Iharang-Beeren zu schmecken gegeben. Die arme Galei hat nie eine probiert, sonst wäre sie heute noch bei mir.

Mari erzählte mir, daß diese Iharang-Büsche von unseren Ahnengeistern gepflanzt worden waren, um den Frauen zu helfen, keine Kinder mehr zu bekommen. Wenn den Frauen in Wanga erlaubt wäre, so oft zu gebären wie diesen Ameisenleuten der Traumzeit, könnte das Land wieder kahl werden. Die Vorfahren ließen ein Rudel Dingos zurück, die unter einem Felsen lagern und heulen, wenn die Monsunwolken auf das Land rollen. »Kein Blitz schlägt je in einem Iharang-Busch ein«, erzählte Mari mir. Das war, bevor die *Balanda* nach Wanga kamen.

Der erste weiße Mann, den ich in unserem Land sah, schien verrückt nach Steinen zu sein. Er trug einen kleinen Hammer bei sich und pflegte Splitter aus den Felsen zu schlagen und sie in seinen Rucksack zu stopfen. Dieser Mann gab Mari ein *Darkgul* (Handbeil) aus Metall und einen Teekessel. Dann erzählte er uns, daß diese beiden Dinge aus den Felsen kämen. Mari wurde versprochen, daß in Zukunft jeder Yuln das gleiche Geschenk bekäme. Der alte Mari hatte von einem Missionar – Kreuzmann, so nannten wir ihn – ein metallenes Handbeil erhalten. Er lebte einige Lagerplätze küstenabwärts vom Nandjaranga-Kap. Das neue Beil sah sehr viel schärfer aus und glänzte mehr. Obwohl die Beile verschieden waren, sahen sich die Weißen so ähnlich wie die Eier einer Schildkröte.

Wir nannten den weißen Mann *Gunda*, Felsbrocken. Als Galei mich fragte, wie es kam, daß er in unserem Land sei, konnte ich keine Antwort geben. Ich dachte jedoch, daß er vielleicht ein *Balanda*-Geist sei, den die Monsunwolken mitgebracht hatten. Ich hatte noch nie einen Mann getroffen, der herumlief, um Splitter aus Felsen herauszuschlagen. Er kam gerade kurz vor unserer großen Zeremonie am Nongaru. Wir hatten gerade einen Haufen Bumerangs aufgeschichtet und sie mit rotem *Malnar* und Känguruhfett beschmiert, jeder dazu bestimmt, aus einem Mädchen eine Frau zu machen. Meine Galei sollte damals initiiert werden.

Mari bat mich, *Gunda* in einen entfernten Teil unseres Landes zu führen, weg von Nongaru, und ihn dort Felsen bearbeiten zu lassen, weil noch nie ein Fremder unsere Initiationszeremonie sehen durfte. Falls jemand am Nongaru oder in den Iharang-Hain eindringen wollte, heulten die Dingos, und unsere Speere wiesen ihn zurück.

Die arme Galei versäumte das Initiationstreffen. Sie mußte mich in die Hügel begleiten, um für mich und *Gunda* das Feuer zu machen und Buschnahrung für uns zu sammeln. Ein Jammer, wenn sie *bala* (initiiert) worden wäre, dann wäre sie jetzt nicht draußen im Busch, verwandelt in einen heulenden Dingo. Ich denke, sie erinnert mich daran, daß uns Wanga, der größte Teil davon, von den Weißen fortgenommen wurde. Unser armes Land.

Wenn jemand von uns stirbt, teilt sich seine Seele. Ein Teil bleibt im Land und verwandelt sich in einen Baum, der andere geht eine Zeit lang zur Bralgu-Insel. Die Geister kommen gelegentlich zum Festland. In Luftwirbel verwandelt, schweben sie in der Luft und halten Ausschau nach einer jungen Frau, die nach ihnen verlangt. Ein Windwirbel erscheint zuerst in ihren Träumen, und wenn sie nickt, dann tritt er in sie ein. Doch es gab nie eine Seele in Wanga, die wiedergeboren wurde, die weder eine gute Familie hatte noch ohne Land war, um davon zu leben.

So lebten wir, als Mari noch am Leben war, und viele Monsunregen zuvor, seit unsere Ahnengeister hierher kamen. Das Kap Nandjaranga, das wie ein Zeigefinger ins Meer weist, wurde so geformt, damit die Geister der Toten dorthin gehen konnten, um auf unseren *Nangang*, den Fährmann, zu warten, der sie mit dem Kanu nach Bralgu übersetzte. Das geschieht heute nicht mehr. Die Klippen am Nandjaranga-Kap wurden niedergewalzt und der Ort zu einer Anlegestelle ausgebaut. Die Weißen haben einen Pfad für ein starkes Ungeheuer aus Metall gebaut, das wie eine riesige Schlange aussieht und sich über das Land von Nongaru bis zum Nandjaranga-Kap erstreckt. »Förderband« nannte Kreuzmann das Metallungeheuer. Das Ding rattert Tag und Nacht, trägt Felsbrocken hinunter zur Pier und schüttet sie in die Bäuche riesiger Schiffe. »Das ganze Land könnte diesen Weg nehmen«, warnte mich Kreuzmann. Mari dachte genauso. Gut, daß Mari einige Monsunregen zuvor starb. An dem Tag, an dem der alte Mann ging, gab er mir das Beil und den Tee-kessel: »Bring das dem *Balanda*«, sagte er zu mir, »wir haben unsere eigenen Werkzeuge, an die wir uns halten sollten.«

Nicht lange nachdem der alte Mann gestorben war, kam der Missionar, Kreuzmann, in den Busch, um mich zu sehen. Er sagte mir, daß Mari ihm im Traum erschien und darum bat, daß wir etwas unternähmen, um die Bergwerksleute aus Wanga zu vertreiben. »Bald schon könnte kein Land mehr übrig sein.« Kreuzmann wollte, daß ich und andere Stammesleute zum *Balanda*-Gericht in einer fernen Stadt gehen und ihnen dort erzählen sollten, was unserem Land zugestoßen war. Er gab mir kurze Hosen und ein T-Shirt und trug mir auf, mich etwas herzurichten: »Diese Leute in der Stadt denken immer noch, daß ihr nur zum Teil Menschen seid.« Er sagte, daß wir Geschichte machen würden – noch nie sei ein Yuln vor das Gericht des weißen Mannes getreten, um für sein Land zu kämpfen. Mit neuen Kleidern waren wir uns selber fremd, es war sogar komisch: Unsere Leute lachten, als sie sich zum Abschied versammelten. Kein Stammesheiler sollte *Balanda*-Kleidung anziehen und sein Land verlassen, wenn es sich im

Würgegriff eines Fluches befindet. Ich dachte, daß ich vielleicht Galei sehen würde, wenn ich in die Stadt ginge. Vor einigen Monsunregen, als wir uns auf dieser Reise mit *Gunda* befanden, nahm sie mir der weiße Mann weg und flüchtete aus der Gegend. Ich habe sie seither oft in meinen Träumen gesehen, immer wie für die Zeremonie gekleidet. Schön sah sie aus, ihre Haut mit Malnar bedeckt; und sie trug ein *Galamba* (Armband) aus Kakadu-federn und Gürteltierfell. Ihre schnellwachsenden Brüste wurden von einer Schnürung gehalten, um ihre Festigkeit zu bewahren. Sie sah aus, als sei sie bereit, den Boden Nongarus zu betreten und zu einer *Bala* (Frau) zu werden. Vielleicht versucht sie mir durch ihr Erscheinen im Traum zu sagen, daß kein traditionelles Mädchen jemals zur Frau werden sollte, ohne ordentlich initiiert worden zu sein.

Auf dem Initiationsplatz werden die Mädchen von den Geistern aus Bralgu betrachtet, die in Windwirbel verwandelt über ihnen schweben. Sie wissen, wem jedes Mädchen anvertraut ist und wie das Land aussieht, in dem sie leben werden – hat es viele Bäume, *Billabongs* (Bäche), Yamsknollen und Fisch? Dies entscheidet, wieviele Kinder sie haben werden, – zwei oder vielleicht mehr, wenn das Land weit und voll mit Nahrung ist.

Der weiße Mann am Gericht, der Richter genannt wurde, wollte wissen, warum wir Iharang-Büsche nahe am Nongaru-*Billabong* brauchten: »Die Ahnengeister wollten es so haben.« Ich sprach nur unsere Stammessprache, aber Kreuzmann war auch dort, um jedes Wort zu übersetzen, das ich sprach. Kein anderer *Balanda* kennt unsere Sprache. Der Richter trug eine Art Kopfbedeckung, die anscheinend aus der Haut eines Dingos gemacht worden war. Er sagte, er hätte viele gute Dinge über mich gehört, die ich als Heilkundiger des Stammes getan hätte, und versuchte zu lächeln: »Deine Leute waren sehr arm, sie mühten sich seit der Eiszeit mit Steinäxten ab. Sicher wäre es ungerecht, ihnen den Nutzen von Beil und Teekessel vorzuenthalten.« Er fragte mich, ob wir eine »Besitzurkunde« von unseren Ahnengeistern erhalten hätten, er meinte ein Stück Papier, glaube ich. Kreuzmann versuchte zu erklären, daß wir weder lesen noch schreiben. Was unsere Vorfahren betrifft, sie lebten in einer Traumzeit, als die Flüsse und Berge gemacht und der erste Yuln geboren wurde.

»Bezieht er sich jetzt auf unseren Schöpfergott oder auf ihren eigenen?« wollte der Richter wissen.

In unserem Auftrag legte Kreuzmann dem Gericht eine große Rindenzeichnung vor, die von einigen unserer Leute angefertigt worden war. Sie zeigte unsere Stammesgründe, reich an Yams und Tieren, von denen viele heilig waren. In der Mitte des Bildes lag Nongaru und nahe dabei die Iharang-Büsche, die von den Dingos gesammelt worden waren. Das hatte ich allein gezeichnet – in rotem und gelbem Ocker –, nur dem Heilkundigen des Stammes ist dies erlaubt. Der Richter sah erfreut aus: »Es ist ein schönes Bild. Ich werde dafür sorgen, daß es in meiner Bibliothek aufgehängt wird.« Richter wollte von mir etwas über das Beil und den Teekessel hören, die Mari von dem weißen Mann erhalten hatte. »Und, waren sie ihm von Nutzen?« Er fragte mich sogar, ob jemand aus unserem Volk die Felsen essen würde. Vielleicht hatte dieser weiße Mann, *Gunda*, gesagt, wir hätten unser Land für eine rostige Axt und den Topf weggegeben.

Ich fragte das Gericht, ob sie mich meine Galei sehen lassen könnten. Kreuzmann muß meine Anfrage falsch übersetzt haben, denn der Richter sah mich an: »Tut uns leid, aber dieser Gerichtshof kann dir keine Frau beschaffen.«

Sie lachten alle. Vielleicht dachten sie, ich hätte nach einer Weißen gefragt. Galei kehrte einige Monsunregen später zurück. Sie kam nicht in den Busch, um mich zu besuchen, sondern ging zu ihrem Clan (Mala). Das ist etwas weiter vom Kap Nandjaranga an der Küste. Das Meer dort reicht über eine Durchfahrt, die kaum breiter ist, als man den Ruf einer kräftigen Stimme hören kann, weit ins Land hinein und erweitert sich zu einer Bucht, die zu umlaufen einen Mann viele Male das Lager aufschlagen ließe. Es braucht kaum Zeit, um dort einen Barromandi-Fisch zu fangen. Der Mangrovenwald war voll mit *Njuga* (Krabben). Dort konnte man an einem Bach nach dem anderen vorbeigehen, alle waren sie mit Lilienpolster bedeckt. Kein Land war freundlicher zu seinen Leuten und großzügiger mit Nahrung als ihres.

Doch so war es nicht länger geblieben. Die Weißen haben eine Siedlung am Ufer der Bucht errichtet, um die Steine zu schmelzen. Das Zeug riecht wie ein schlechtgewordenes Gelege Schildkröteneier, das jemand zerstört hat. Selbst wenn man viele Lagerplätze außer Sicht ist, entkommt man dem Gestank nicht. Das Wasser in der Bucht wurde gelb oder rötlich. Ich bin mir nicht ganz sicher, weil immer eine Staubwolke darüberhängt. Es sind keine Barromandis zu sehen, die Fische wurden schon vor langer Zeit tot an Land gespült. Die Mangroven mögen den Platz auch nicht mehr, die Bäume haben die Blätter abgeworfen – nichts als trockene Skelette. Ich bezweifle, daß sie Äxte und Teekessel aus dieser Schmelze machen. Von uns sind ohnehin nur noch wenige übrig, die sie gebrauchen könnten.

Nicht einmal Galei benutzt einen Teekessel. Sie richtete ihr Zuhause in einem schrottreifen Wassertank auf einer Müllkippe unweit der Siedlung ein. Ihre Kinder sahen ihr sehr ähnlich, solange sie klein waren, aber ihre Haut ist heller. Einige haben sogar *Bulku Dilmir* (Sommersprossen) im Gesicht.

Ich begegne ihr oft auf meinem Weg zum Gefängnis, wenn ich dort hingehe, um einen unserer Leute zu holen. Beim ersten Mal dachte ich, daß einer unserer Männer verletzt wäre und eine gute Behandlung nötig hätte, dazu bin ich schließlich da. Ich trage immer etwas weiße Buschlilie in meinem Beutel, um das Blut zu stillen und die Wunden zu behandeln. Immer stellt sich heraus, daß es für eine Heilung zu spät ist – der arme Kerl ist tot und bereits steif. Ich glaube, sie rufen mich nur, damit ich die Leichen unserer Leute in den Busch mitnehme. Die Weißen mögen keinen unserer Art auf dem Land beerdigt sehen, das sie uns wegnahmen. Galei glaubt, daß die Weißen vielleicht fürchten, daß unsere Leute nach ihrer Wiedergeburt das Land zurückfordern könnten. Sie erzählte mir, falls irgendeiner von unseren Leuten dabei erwischt wird, wie er um die weiße Siedlung herumlungert, er hinter Schloß und Riegel geworfen würde. Sie jedoch würden sie nicht einsperren. Die Weißen kommen auf den Abfallberg, um ihre Gesellschaft zu suchen. Arme Galei – ein ganzes Rudel Kinder schwärmt um sie herum, und immer ist gerade eines unterwegs, nach dem Anblick ihres Bauches zu urteilen. Sie kam oft zu mir in den Busch und fragte nach Iharang-Beeren. Ich versuchte ihr zu erklären, daß Nongaru und viel Land darumherum umgegraben worden ist. Der heilige Bach ist verschwunden und auch der Hain mit den Iharang-Büschen. Die Weißen haben den Platz zu einem Steinbruch gemacht. Es sieht so aus, als ob ein nie gesehenes Ungeheuer den Ort überfallen, die Felsen zertrümmert und sich im Staub gewälzt habe. Es wälzt sich noch immer dort.

Bei Sonnenuntergang ist oft eine Explosion von Nongaru her zu hören. Die Erde bäumt sich auf, in einer Wolke von Staub oder Rauch, man ist sich nie sicher.

Geschüttelt, wie eine schwer verletzte Schlange zitternd: unser armes Land, armes *Wanga.* Die Staubwolke spuckt streuend Steine aus. Sie verteilen sich fast soweit über das Land wie der Krach der Explosion. Einmal sah ich ein Holzstück von Nongaru aus durch die Luft fliegen. Gebogen hatte es die Form eines heiligen Bumerangs, mit Blut beschmiert. Auf halbem Weg zur Spitze des Nandjaranga-Kaps fiel es nieder. Galei fuhr fort, mich anzuflehen. »Du bist der Heiler, unternimm etwas.«

Ich fand einen Iharang-Busch zwischen den Felsen am weitentfernten Ende unseres Landes. Er sah erschrocken aus, die Blätter staubbedeckt. Der Strauch hatte keine Beeren und sah nicht so aus, als ob er jemals wieder blühen würde. Ich nahm etwas Rinde von dem Busch, die ich mit einem Stein klopfte, bevor ich sie zum Einweichen in ein Schöpfgefäß halbvoll mit Wasser legte. Solange er lebte, erzählte mir Mari, daß eine Frau, die das Zeug trank, krank werden würde. Nach einer Weile würde sie gesund werden, weiterleben, aber nie wieder würde sie Kinder bekommen. Arme Galei – sie schaffte es dennoch nicht.

Der Stammesvorfahre Nangang kommt nicht länger, um die Seelen der Toten nach Bralgu überzusetzen. Die Felsen unten am Kap Nandjaranga wurden vor langer Zeit gesprengt. Der Krach der Sprengungen hat sogar die Seeungeheuer erschreckt. Der furchterregende faulige Geruch der Schmelze hängt in der Luft – unsere Geister würden einen Himmel weit weg von Wanga bleiben. Galei ist draußen im Busch, verwandelt in einen Dingo. Letzte Nacht kam sie nahe an mich heran und suchte nach Nahrung in meinem Lager. Sie schnüffelte auf dem Boden um mich herum und suchte nach Resten meiner Mahlzeit. Eine Weile fühlte ich, wie ihr haariger Schwanz mein Gesicht berührte. Bevor ich das nächste Mal schlafen gehe, werde ich etwas Yams und etwas *Damper* (Buschbrot) in heißer Asche gebacken für sie zurücklassen. Sie mochte dieses Essen.

Vor fünfzehn Jahren oder so gab man der Bergwerkstadt Gove den Yuln-Namen Nhulumbuy. Die Stadt hat ein großes Krankenhaus, eine Schule und ein Hotel – für Weiße. Es gibt dort auch ein Gerichtshaus, eine Polizeiwache und ein Gefängnis aus Beton, in das die Aborigines oft eingesperrt werden.

Eine Landspitze nahe bei Gove trägt den Namen von William Wilberforce, dem Mann, der 1833 das Gesetz zur Abschaffung der Sklaverei vorantrieb. Das Gesetz verlieh den eingeborenen Völkern Landrechte und kulturelle Rechte. Rechtsanwälten in Australien ist nicht erlaubt, sich auf dieses Gesetz zu berufen.

Nabalco bezahlt heute einige symbolische Entschädigungen an unsere Leute. Wir erhalten auch Regierungszahlungen, Rente oder Arbeitslosengeld. Das Geld wird oft in Nhulumbuy ausgegeben, um Geldstrafen zu begleichen, für Alkohol, Fast Food und andere Dinge, die unserem traditionellen Lebensstil fremd sind.

Die Welt draußen interessiert sich nicht mehr für unsere Kultur. Die Leute fliegen heutzutage nach Gove, um Berichte zusammenzustellen, die mit der Gesundheit, der hohen Sterblichkeit, dem Alkoholismus und »Tod in Polizeigewahrsam« zu tun haben, Berichte über Verschmutzung und Umweltzerstörung.

Wenn die Bergbaugesellschaft jemals Gove verlassen sollte, dann könnte ein Teil des verwüsteten Landes wieder an den Busch zurückfallen. Mit unserer Kultur ist das vielleicht anders.

Es ist ein weiter Weg von Barpak nach Kathmandu

von

Radam Singh Ghaley

(Gurung/Nepal)

erzählt für Kanak Dixit

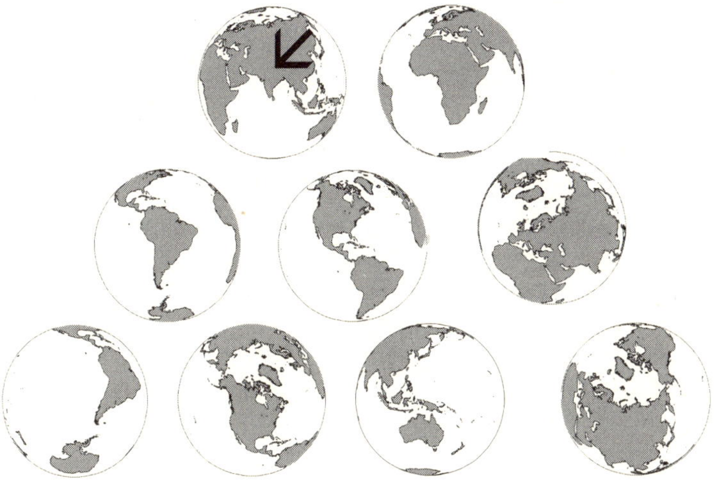

Radam Singh Galey ist Bergführer und lebt gegenwärtig in der nepalesischen Hauptstadt Kathmandu, doch reist er häufig in die abgelegenen Gebiete des Himalaya auf der Suche nach neuen Tälern und um der immer größer werdenden Vielfalt der Talbewohner zu begegnen. Er ist einer der Direktoren der »Mandala«-Trekkingreiseagentur.

Ich wurde im Barpak-Tal geboren, tief in Nepals Himalaya, als Mitglied der ethnischen Gruppe der Gurung, die den zentralen Teil Nepals bewohnen. Meine Vorfahren pflügten die Berghänge, jagten auf den steilen Bergflanken, sammelten die Erzeugnisse des Waldes und versorgten sich mit dem, was das Land hervorbrachte. Obwohl es etwas Handel mit Grundnahrungsmitteln gab, war man nicht auf die Hilfe der Welt außerhalb der gebirgigen Grenzen Barpaks angewiesen.

Jahrhundertelang lebten wir auf diese Weise, bis die Regierung Nepal in den fünfziger Jahren den Fremden öffnete. Die Umwandlung, die sich im Gesicht des Landes und im Denken der Menschen seither, während meiner Lebenszeit vollzogen hat, ist unerhört. Und mein Leben ist auf eine gewisse Weise ein Spiegel der Veränderung, welche die Gurung-Gesellschaft bis in die Grundfesten erschütterte.

Als Junge sammelte ich Honig und hütete Ziegen in den tiefen Wäldern von Barpak. Meine Familie aß, was das Land hergab, und manchmal waren wir hungrig. Unsere Sorgen waren die der Gurung des Barpak-Tals: Pflanzzeit, Ernte, Regenzeit, Winter, Sterberituale und Geburtsfeste. Die Welt von draußen drang selten zu uns herein.

Barpak ist ein Hochtal mit 12 oder 13 Dörfern, ausschließlich von Gurungs bewohnt, einer tibetisch-burmesischen Rasse, die wahrscheinlich vor etwa 500 Jahren aus dem Osten von China, oder von Tibet her einwanderte. Sie sprechen die *Gurung-bhasa* oder »Gurung-Zunge«, allerdings in einem Dialekt, dem die Gurung benachbarter Täler nur schwer folgen können. Das Tal ist so dicht an die Himalaya-Gipfel der Gorkha-Himal-Kette geschmiegt, daß man die Berggipfel nicht sehen kann. Zu den Gletschern ist es nur ein Spaziergang. Barpak liegt zweieinhalb anstrengende Tageswanderungen von Gorkha-Bazaar entfernt. Vom dortigen Bergkönigreich schwärmten die Truppen Prithvi Narayans, dessen zehnter Nachfahre der heutige König Birendra ist, aus, um Nepal in der Mitte des 16. Jahrhunderts gewaltsam zu vereinigen.

Die alte Gurung-Tradition, privates und öffentliches Land aufzuteilen, wurde durch Anpflanzung von Sträuchern oder die Aufschüttung von Erdwällen vollzogen, um die Grenzen der Terrassen festzulegen, auf den Berghängen manchmal sogar bei einer Neigung von 45°. Sogar heute noch kann sich das Ackerland eines Bauern vom Talboden bis zur Berghöhe erstrecken – eine senkrechte Distanz von mehr als 300 Metern. Das Dorf liegt gewöhnlich oberhalb der Felder auf nach Süden gewandten Hängen. Über den Häusern finden sich die Weiden und auf den Bergrücken die Wälder.

In den Gurung-Dörfern machen die Ältesten die Politik. Sie entscheiden, welche Weiden zur Verfügung stehen, in welchem Teil des Waldes alte Bäume geschlagen werden dürfen, in welchem Wald Unterholz und Sträucher zur Fütterung gelichtet werden dürfen, wo trockenes und totes Holz entnommen werden kann.

Ein ähnliches System gibt es auch bei den Sherpas um den Mount Everest und bei den Rais und Limbus von Ost-Nepal. In den abgelegenen Tälern des nepalesischen Himalaya funktioniert das System noch immer recht gut. Doch dort, wo die Isolation zugunsten des Zustroms von Fremden und Tieflandbewohnern aufgegeben wurde, hat die Erosion entlang der althergebrachten Trekkingpfade eingesetzt, die das zerbrechliche Schutzsystem zerstört. Gleichzeitig versetzte die Verstaatlichung aller Wälder in den fünfziger Jahren den Schutzmaßnahmen der Sherpas und Gurungs einen schweren Schlag. Plötzlich standen die Wälder allen zur Gratis-Selbstbedienung offen, weil sie dem Staat gehörten.

Die Regierung in Kathmandu hat ihren Fehler eingesehen und versucht den Dorfbesitz wieder einzuführen. Wo dies gelang, ist es auf den Distriktforstbeamten zurückzuführen, der die traditionellen Schutzmaßnahmen begriffen hatte und sich darum bemüht, die Dorfältesten in die Planung und Entscheidungsfindung bei der Waldnutzung einzubeziehen.

Wie andere Stammesvölker im Himalaya betreiben auch die Gurung noch ein vernünftiges System von Wechselwirtschaft auf ihren Hochlandweiden. Während der Monsunzeit ziehen große Herden von Rindern, Schafen und Ziegen das Seti-Flußtal hinauf zu den Weiden an den Bergflanken des Annapurna. Dort steht jedem Dorf ein Gebiet saftigen Weidelandes zur Verfügung, die Stämme errichten provisorische Hütten, melken ihre Kühe und stellen Käse, Butter und ein besonders langlebiges Milcherzeugnis, *Khurpa,* her.

Jenseits der Berge in Ost-Nepal machen es die Sherpas des Arun-Tales genauso und bringen ihre Yaks in großen Karawanen auf gemeinschaftliches Weideland im abgeschlossenen Barun-Tal. Auch in der Region von Khaptad im westlichen Nepal grasen während der Regenzeit mindestens 20 000 Stück Rinder auf der grünen Hochebene dieses etwa 4000 Meter hohen Bergmassivs.

Es ist interessant, daß sie nur wenig Schaden anrichten, obwohl es große Rinderherden sind. Auf dem Khaptad-Plateau sind die Flächen nie überweidet, und die großen Viehbesitzer haben nicht viel mehr mitzubestimmen, welche Bereiche ihnen zur Weide zugewiesen werden, als die kleineren unter ihnen.

Das System beruht auf der Gleichheit aller. Gemeinsam werden Beschlüsse darüber gefaßt, wohin zur Weide getrieben wird, wie lange der Weidetrieb dauert und wann man im folgenden Jahr zurückkehren kann. Die natürliche Regenerationskraft dieser gebirgigen Hochtäler ist bemerkenswert. Nach der nächsten Regenzeit sind die Wiesen wieder grün.

Doch ich selbst habe keinen Anteil mehr an dieser Lebensweise. Heute lebe ich in der Hauptstadt und reise als Trekking- und Bergführer um die Welt. Zuhause in Barpak lehnen sich die, welche sich immer auf ihre eigenen Fähigkeiten verlassen konnten, zurück und warten auf Entwicklungsprojekte und Regierungsrationen. Wie die anderen ethnischen Gruppen von Nepal, haben sich die Blicke der Gurung den glitzernden Lichtern der Hauptstadt Kathmandu zugewandt.

Seit dem 19. Jahrhundert gab es Beziehungen der Gurung zur Außenwelt: Sie stellten die Mannschaften für die Gurkha-Kampftruppen in den indischen und britischen Streitkräften. Die Dörfer von Barpak nahmen sich dabei aus. Obwohl einer der berühmtesten Träger des Victoria-Kreuzes, Gajey Ghaley, aus dem Barpak-Dorf von Danda Gaon stammt, zog es die Bevölkerung insgesamt vor, weiterhin in Abgeschiedenheit zu leben.

Dies erklärt vielleicht ihre heutige Verzweiflung. Wenn die Nahrungsmittel knapp werden oder Hagel den *Makai* (Mais) oder die *Kodo*-Ernte (Gerste) vernichtet, dann steigen die Dorfbewohner in die niedrigeren Täler ab und sehen sich nach einem Geldverdienst als Arbeiter in Erschließungsprojekten, im Straßenbau oder als Lastenträger für Touristen um.

Der Druck der Überbevölkerung machte sich in Barpak um die Jahrhundertwende bemerkbar. Ohne den Geldstrom aus dem Gurkha-Militärdienst sank die Lebensqualität. Als die Zahl der Menschen sich bei gleichbleibendem Lebensraum und gleich großen Wäldern über die Größenordnung früherer Zeiten hinaus vermehrte, mußten sich die Einheimischen anpassen.

Mein Vater und viele andere Familien paßten sich an, indem sie etwas taten, an das ihre Vorfahren nicht im Traum gedacht hätten. Sie verkauften ihren spärlichen Besitz für ein Butterbrot und zogen nach Süden, in die Ebene von Chitwan. Diese Wanderungswelle war die erste ihrer Art in der Geschichte der Gurungs. Als das Gerücht nach Barpak drang, daß die Regierung die Dschungel von Chitwan erschlossen hatte, sahen mein Vater und viele andere keinen Grund mehr, länger zu warten.

Chitwan ist ein tiefgelegenes, windungsreiches Tal, in dem die Indus-Ganges Ebene auf die steilen Abhänge von Mahabharat Lekh trifft. In den fünfziger Jahren bestand Chitwan noch aus ungezähmter Wildnis mit vielfältiger Flora und Fauna. Unter den Baumwipfeln von Sal und Sisham sowie in den Grasländern war Chitwan die Heimat des Einhorn-Nashorns, des bengalischen Königstigers, des Leoparden, des blauen Stiers, der Wildschweine, der Langur-Affen und einer unglaublichen Vielfalt von Schlangen, Insekten und Schmetterlingen.

Trotz seines wilden Reichtums war dieses Dschungelgebiet bei den Bergbewohnern von Barpak wenig beliebt. Solange sie zurückdenken konnten, fürchteten sie den *Char kosay jhadi*, Meile um Meile geschlossener Baumkronen. Dort gab es die geheimnisvollen Dämpfe der berüchtigten *Aulo*, die sich an die Bergmänner und -frauen hängten, die so unvorsichtig waren, in die Ebene hinabzuziehen. Sie schwitzten, es schüttelte sie vor Kälte und sie starben. Die *Aulo* tötete die Hochlandbewohner, ließ aber die einheimische, eingeborene Bevölkerung von Tharus unberührt.

Traditionellerweise pflegten die ärmeren Gurungs und Magars aus den Bergen hinunter in die *Tarai* zu wandern, um die *Rasan pani* in Empfang zu nehmen, Regierungsrationen, die aus Baumwollstoff, Salz und Kerosin bestanden. Dies taten sie auch im Auftrag der *Newar Sahus*, der Händler, die ursprünglich aus Kathmandu kamen und die Handelsposten in Zentral-Nepal, etwa in Bandipur und Gorkha, besetzten.

Acht Tage ununterbrochener Wanderung, entlang des Gandahi-Flusses, brauchte man von Barpak, um den Umschlags- und Handelsort Narayan zu erreichen. Dort trat der Fluß aus der Bergschlucht in die Hochebene von Chitwan ein. Händler und Lastenträger konnten dort den reißenden Fluß in schaukelnden Einbaumkanus überqueren. Einmal auf der anderen Seite, betrat man die großen Dschungel von Chitwan, und weitere zwölf Tage Fußmarsch durch sein dichtes Unterholz führten nach Narkatiya Ganj in Indien. Es war eine gefährliche Durchquerung. Einige wurden von Tigern angefallen oder getötet, von Skorpionen oder Schlangen gebissen, oder sie stießen auf Banditen, je näher sie an Indien herankamen. Viel mehr jedoch fielen *Aulo* zum Opfer. Wie mein Vater, ein Veteran solcher Durchquerungen, sagte: »Jyan ko maya matra gainthyo.« (»Wir wußten nie, ob wir lebend zurückkehren würden.«)

Die Verzweiflung meines Vaters und anderer armer Familien von Barpak war so groß, daß nicht einmal die Angst vor der *Aulo* sie davon abhielt, in die Ebene auszuwandern. *Aulo*, das war natürlich die Malaria, und es erschien als Zeichen der Vorsehung, daß zur gleichen Zeit ein massiver Feldzug zur Ausrottung der Malaria geführt wurde, mit dem es gelang, *Aulo* unter Kontrolle zu bringen und Tausende von Menschenleben zu retten. Organisiert wurde er von der Weltgesundheitsorganisation (WHO) und der Regierung, als eines der ersten Entwicklungshilfeprogramme im damals erst seit kurzem offenen Nepal. Indem man die *Tarai* von der *Aulo* befreite, brach man auch den Stab über die großen Wälder, die bis dahin zu den unberührten und reichhaltigsten ganz Asiens gehört hatten.

Meine Mutter war jung gestorben und ließ meinen Bruder, der zwei, drei Jahre älter war, und mich zurück. Als es an der Zeit war, wegzuziehen, nahm uns unser Vater mit hinunter, als die allerersten Siedler Barpak verließen. Wir waren unter den ersten, die die Wälder von Chitwan fällten, die heute nur noch ein schwacher Abglanz von dem sind, was sie einst gewesen waren. Der gleiche Vorgang wiederholte sich in allen *Tarai* Nepals. Die einst so zahlreichen Wälder sind alle verschwunden. Die Armut in den nepalesischen Bergen veränderte das Gesicht der Ebenen Nepals.

Ich muß etwa 13 Jahre alt gewesen sein, als sich mein Vater in Chitwan ein zweites Mal verheiratete. Das erste Kind meiner Stiefmutter wurde im Jahr darauf geboren, und das hatte zur Folge, daß sich mein Bruder und ich alleingelassen fühlten. Ich beschloß, zurück nach Barpak zu gehen. Allein überquerte ich den Fluß bei dem Fährenort Narayan Ghat und lief tagelang hungrig und ohne Geld zu meinen Großeltern in Barpak zurück.

Sie waren genauso arm wie meine Eltern, und deshalb mußte ich bald in der Landwirtschaft mitarbeiten. Meine Aufgabe war es, eine Handvoll Ziegen zu hüten, Futter im Wald zu schneiden und beim Pflanzen und der Ernte zu helfen. Wenn die Ernte eingebracht war, teilten meine Großeltern gewöhnlich die *Alu* (Kartoffeln), den *Makai* (Mais) und die *Kodo* (Gerste) auf verschiedene Säcke auf, die für den Verbrauch in bestimmten Monaten vorgesehen waren. Wenn ein Teil vor seiner Zeit aufgegessen wurde, gingen wir, anstatt einen weiteren Sack zu öffnen, lieber in den Wald, um Wurzelknollen zu sammeln, oder kochten Nesseln und Beeren.

Doch Barpak konnte mich nicht halten. Trotz meines Alters wartete ich ungeduldig darauf, wieder wegzuziehen, weil ich die Welt draußen gesehen hatte. Auch konnte ich etwas spüren in den Bergen Nepals, das dieses Verlangen stärker werden ließ. Das Rumpeln des Fortschritts war sogar auf den entlegensten Berghängen zu vernehmen. Die Flüge zur kleinen Landepiste von Gorkha nahmen zu. Sie transportierten alles, angefangen von Zementsäcken und Beamten bis zu westlichen Ingenieuren und Touristen. Kathmandu wurde zum Nabel unserer Welt. Als die sogenannten »Jahrzehnte der Entwicklung« Mitte der sechziger Jahre begannen, wurde Kathmandu immer wichtiger in unserem Leben. »Kathmandu« entschied, wer eine Hängebrücke erhielt, eine Straße, ein Landwirtschaftsprojekt oder eine Landebahn. »Glaskugel«-Hubschrauber der USAID-Mission in Kathmandu flogen überall herum, verteilten Weizensaatgut und versuchten uns zu überzeugen, *Roti* (Weizenfladenbrot) statt des traditionellen *Dhindo* (Maisbrei) zu essen.

Ein Projekt mit chinesischer Hilfe trieb eine Straße durch alle tiefeingeschnittenen Täler von Kathmandu bis Pokhara, die drei Tageswanderungen südlich von Barpak verläuft. Das Gerücht ging um, daß es dort Arbeit gäbe. Ich war bereits außerhalb von Barpak gewesen und sehnte mich danach, wieder loszuziehen. Es brauchte daher nicht viel Überredung, wegzugehen und als Straßenbauarbeiter am Kathmandu-Pokhara-Highway anzufangen, der eine Tageswanderung südlich von Gorkha vorbeiführt. In anderen Ländern wurden die Straßen für den Handel, die Industrie und zur Erschließung eines Gebiets gebaut. In Nepal führten wir Straßen ein, um »modern« zu sein. Eine Straße bedeutete, daß wir uns »entwickelten«.

Die chinesischen Ingenieure nahmen den Weg des geringsten Widerstands und planten die Straße am Frisuli-Fluß entlang. Das bedeutete, daß die Seiten sehr steil waren und Erdrutsche ein ständiges Problem sein würden. Aber niemand stellte irgendwelche Fragen. Wir leisteten emsig Vermessungsarbeit, sprengten Berge und kippten Felsbrocken und Dreck auf die Seite in den Fluß. Weil westliche Länder Straßen hatten und »entwickelt« waren, wollten wir auch Straßen bauen, dann würden auch wir uns entwickeln.

Nach zwei Jahren des Steinebrechens war es für mich Zeit, weiterzuziehen. Ich kam zurück nach Narayan Ghat, das damals die Gestalt einer kleinen Distriktstadt annahm. Was einmal eine Ansammlung von Baracken am Flußufer gewesen war, war nun ein summender Haufen fester Gebäude zu beiden Seiten einer schlaglochübersäten Straße. Es gab sogar einen regelmäßigen Flugdienst ins nahegelegene Bharatpur. Douglas DC 3 Dakotas transportierten Reisende von und nach Kathmandu und Gorkha.

Ich bekam Arbeit als Koch und Viehtreiber. Dann lernte ich, Traktoren zu fahren für Farmer, die große Teile Waldland gerodet, doch nicht genügend Arbeiter zum Pflügen hatten. Ich hatte schon einige Jahre als Traktorfahrer gearbeitet, als ich schließlich die Gelegenheit hatte, Kathmandu zu besuchen. Ein alter Bauer, für den ich in Bharatpur arbeitete, der statt *Ghiu* (geklärter Butter), die alle Bauern produzierten, Butter herstellte, bat mich wiederholt und eindringlich, mit zwei Kanistern Butter nach Kathmandu zu gehen, um herauszufinden, ob sich sein Erzeugnis dort verkaufen ließe. Ich kaufte ein Flugticket nach Kathmandu für 40 Rupien und nahm zwei alte Kerosinkanister Butter mit. Als die propellergetriebene Dakota vom Flugplatz in Bharatpur abhob, betete ich zu allen Ahnengeistern und zu allen Hindugöttern, die ich kennengelernt hatte, als ich bei den Chetris, Bahms und Newars lebte. Nachdem wir in Kathmandu – damals ein wahres Hongkong in meinen Barpak-Augen – gelandet waren, nahm ich meinen Weg nach Laruchams, dem Stadtviertel, in dem sich die Staatsmolkerei befindet. Es gelang mir, die Butter für 150 Rupien je Kanister zu verkaufen. So wurde ich zu einem Pendler auf dem Flug zwischen Kathmandu und Bharatpur, zu einem Butterhändler.

Kathmandus Anziehungskraft ließ nicht nach, und ich begann meine Zeit mit Freunden aus Chitwan zu verbringen, die ins Tri Chandra College gingen. Unter ihnen waren einige Freunde, die sich für das Bergsteigen interessierten. Drei von uns waren die ersten Menschen, welche die Felsen des Kathmandu-Tales zu Sportzwecken erkundeten, mit Hilfe eines Bergsteigerhandbuchs, das wir aus einem örtlichen Buchladen gestohlen hatten. Wir entdeckten die Felsen oberhalb des Pashupati Naht Tempels, wo der Bagmati-Fluß aus einer Schlucht hervorbricht und noch eine Felswand beim Waldheiligtum von Nagarjun.

Klettern brachte mich zum Trekking und Bergsteigen, die schließlich zu meinem Weg zurück zu den Wurzeln meiner Bergheimat wurden, nachdem ich 15 Jahre lang Felsen gesprengt, Traktor gefahren und Butterhandel betrieben hatte.

Als Junge aus dem Hinterland Nepals hatte ich begonnen, einen Umweg durch eine Anzahl von Arbeitsmöglichkeiten in einer sich entwickelnden Nation genommen und einen Kreis beschrieben, als ich anfing, auf dem neuen Gebiet des

»Abenteuertourismus« zu arbeiten. War Nepal früher den Fremden als das »Verbotene Königreich« bekannt, so wurde es jetzt Mitte der sechziger Jahre zu einem Touristenparadies. Innerhalb eines Jahrzehnts führten die Gastfreundschaft der Bergbewohner Nepals und die verzaubernde Landschaft zur Entstehung von »Trekking«, einer damals nur in Nepal üblichen Form des Tourismus. Mit der Hilfe von Trägern und Führern konnten die Touristen entlang der Hauptwege Nepals wandern. Die populärsten Wege sind jener, der sich durch das Khumbu-Tal ins Sherpa-Land hinaufwindet und zum südlichen Basislager am Mount Everest führt, und ein weiterer, der sich durch die tiefe Schlucht des Kali Gandaki-Flusses und um die Annapurna-Gebirgskette schlängelt.

Ich ließ mich 1975 als Träger anwerben und schleppte die Habseligkeiten der Touristen, Schlafsäcke, Kochgeräte und Zelte. Im folgenden Jahr übte ich mich als Führer, als *Sirdar*. Ich reiste in die entlegensten Winkel des Landes, immer auf der Suche nach neuen Wegen, die anders waren als die häufig begangenen. Ich bemerkte damals nicht, daß das Einsetzen des Massentourismus in der Form des Trekking seine unauslöschlichen Spuren auf dem Annapurna-Trail hinterlassen hatte, auch im Barun-Tal, etwas weniger in Khaptad.

Für sich betrachtet sind die Trekker aus dem Westen umweltbewußt und denken über die Umweltprobleme in ihren Heimatländern nach. Aber jeder Trekker oder Bergsteiger in Nepal bringt sechs Träger für seine Lebensmittel, Brennstoff und weitere Vorräte mit. Armeen von Trägern bewegen sich wie Heuschreckenschwärme durch ökologisch empfindliche Himalaya-Täler und hacken die Wälder ab, um es warm zu haben. Am Ende jeder Trekkingsaison ist die Verwüstung leicht festzustellen. Auf den steilen Abhängen des Barun-Tales sind die Wälder wie leergefegt, und sogar die Wurzeln von Zwergwacholdersträuchern sind ausgerissen, als Brennstoff für die Basislager der Expeditionen.

Ohne Wurzelwerk beginnt der Moränenschutt zu rutschen und wird zur Gefahr für die Wanderer. Am Ghorapani-Paß auf dem Annapurna-Trail sind die einst grünen Nebelwälder verschwunden, stattdessen sind nur noch die nackten Skelette der erhabenen Bäume zu sehen.

All das war mir nicht bewußt, als ich die Trekker die Berghänge des Himalaya auf und ab führte. Zwei Jahrzehnte vergingen, bis ich bemerkte, daß ich seither nie wieder in Barpak gewesen war. Meine Großeltern waren gestorben, ihr Besitz verkauft, und mein Vater lebte in Chitwan. Ich hielt es für besser, mich nicht zu erkennen zu geben. Ich verspürte eine Distanz, fast Feindseligkeit seitens der Bewohner, die in Armut geboren wurden und in Armut lebten. Niemand redete auch nur mit seinem Cousin aus Angst, daß eine unglückliche Lebensgeschichte einen dazu zwingen würde, das Wenige, das man selbst besaß, teilen zu müssen.

Den Gurungs von Nepal erging es im allgemeinen besser als den Bergstämmen der Tarangs, Magars, Rais und Limbus, weil sie bereits den nunmehr historischen Zugang zum Militär Großbritanniens und Indiens hatten. Doch die Bergbewohner von Barpak erkannten den Vorteil, den sie daraus hätten ziehen können, nur langsam. Weil sie weiter abgelegen lebten als die Gurungs von weiter unten, hielten sie an ihrer traditionellen Lebensweise fest.

Da ihnen die Vorteile der Gurkha-Rekrutierung entgangen waren, wurden die Gurungs von Barpak zu Sklaven des Fortschritts. Eine Hängebrücke wurde über den Daraundi Khola gebaut, und damit verschwand jeder Antrieb, selbst eine örtliche Brücke zu einzurichten. Ein Bewässerungskanal wurde vorangetrieben und damit verschwanden die uralten Vereinbarungen des Wasserteilens.

Wenn die Ernte schlecht ausfällt, eilen die Schlauen nach Gorkha, um beim Hauptdistriktsbeamten Lebensmittelrationen zu verlangen. Es gibt Kredite für Landwirte, aber die Bewohner von Barpak haben keinen Vorteil davon. Die schnelleren Dörfler weiter unten und die Kaufleute von den Handelsplätzen treiben sich das Geld gegenseitig zu. Die Armen bleiben im großen und ganzen da, wo sie sind. Es gibt Arbeit im Straßenbau und beim Unterhalt des Wegenetzes, es gibt Grundschulen, aber wozu? Ist es richtig, schlafende Sehnsüchte zu wecken, wenn es keine Möglichkeiten gibt, diese neuen Wünsche zu erfüllen? Ich habe keinen Zweifel daran, daß die Leute von Barpak heute weniger glücklich sind als damals, als ich dort aufwuchs. Und das nur deshalb, weil sie ständig daran erinnert werden, was sie alles nicht besitzen. Während das Leben der Dorfbewohner so ist wie in den fünfziger Jahren, fühlen sie sich heute ärmer als damals. Als die Regierung 1959 die Wälder verstaatlichte, verschwand der Anreiz, sie intakt zu halten. Die Gemeindeautorität über die Nutzung der Wälder wurde für ungesetzlich erklärt, dies wurde nun zur Aufgabe der Bezirksbeamten. Was die Dorfbewohner anbelangt, heißt es dort jetzt, daß jeder selber zusehen muß, wie er zurechtkommt.

Doch selbst jetzt ist die Zerstörung der Wälder im Himalaya weniger schlimm als die Zerstörung des Selbstvertrauens der Dorfbewohner. Verständlicherweise beklagen die Planungsmenschen in Kathmandu lautstark die Bodenerosion, den Niedergang der Wälder und die abnehmende Produktivität des Bodens. Radio Nepal verbreitet diese Botschaft überall in den Bergen. Deshalb denken die Dorfbewohner von Barpak, daß sie heute schlechter dran sind als jemals zuvor.

Während die offiziellen Medien versuchten, die Leute davon zu überzeugen, wie schlecht es ihnen ging, sorgten die Entwicklungsprofis dafür, daß, wo immer Entwicklungsprojekte versucht wurden, jemand anderes als die Bergbewohner profitierte, für die sie ursprünglich gedacht waren.

Man baute eine Straße, und die *Sahus* in den Städten hatten den Vorteil billigerer Transporte, nicht die Hunderten von Trägern, die auf das Bargeldeinkommen durch Lastentransport angewiesen waren. Trekking wurde als ein Segen für die Dorfbewohner eingeführt, angeblich wegen der Einkommensquellen. Doch die Trekker, die zu meinem Dorf kamen, brachten Konserven aus Kathmandu mit, statt die örtlichen Erzeugnisse zu kaufen, ganz zu schweigen davon, was sie mit unserer Umwelt anstellten.

Am Fuß von Mount Manaslu und Himal Chuli liegt Barpak. Ich bin den weiten Weg von Barpak gekommen. Ich merke schon, daß ich eigentlich nicht mehr zu Barpak gehöre, aber ich habe Mitleid mit der Gegend und seiner Bevölkerung, mit den Angehörigen meines Clans, die ihrer alte Lebensweise entfremdet wurden und denen man ein neues Bild der Welt gezeigt hat, ein Weltbild, das nicht das ihre ist.

Vernimm die Stimme der indischen Himalayas

von Radha Bhatt

(Chipko/Indien)

Radha Bhatt wurde 1934 in einem entlegenen Dorf in Kumaon, Himalaya, geboren. Als Anhängerin Ghandis gehörte sie seit 1951 dem Lakshmi Ashram an, einem finanziell unabhängigen Internat für Kinder, das von Sarla Behn, einer englischen Schülerin Mahatma Ghandis, in Kausani in den Kamoan-Himalayas gegründet wurde. Behn kehrte 1966 nach Großbritannien zurück und überließ Bhatt die Führung des Internats, die sie bis 1989 innehatte.

Seitdem engagierte sie sich intensiv im Kampf gegen den Tehri-Staudamm sowie im Hilfswerk für die Überlebenden des Erdbebens, das sich im Oktober 1991 in den Garwal Himalayas ereignete.

Bhatt reiste weit umher, um Vorträge zu halten oder an Seminaren und Konferenzen teilzunehmen. Neben ihrer Mitgliedschaft in vielen Ghandi- und Aktivistengruppen ist sie Vorsitzende des Himalaya Sevak Sangh. Im September 1991 erhielt sie für ihr Engagement den angesehenen Jamnalal Bajaj Award.

Während ich dies schreibe, sind mein Herz und meine Gedanken erfüllt von den dramatischen Szenen der Zerstörung, die am 20. Oktober 1991 um drei Uhr morgens über die Bezirke Uttarkashi, Tehri und Chamoli hereinbrach. Nach dem Erdbeben sah ich Dörfer, in denen kein einziges unbeschädigtes Haus mehr stand, Menschen, die nach dem Verlust ihrer Kinder und Angehörigen wie zerborstene Bäume dastanden, Tierkadaver und andere Tiere im Todeskampf.

War das Erdbeben nicht ein Schlag ins Gesicht einer Wissenschaft, die alles daran setzt, die Natur zu besiegen? Wir sollten, den Traditionen der Ahnen folgend, versuchen, in Harmonie mit der Natur zu leben, anstatt sie zu erobern. In unserer Kultur sind die Flüsse unsere Mutter, doch in der modernen Tradition der Wissenschaft haben die Flüsse nur dem Nutzen zu dienen. Die Dörfer, die hoch in den Bergen im Bezirk Uttarkashi oberhalb des Maneribhali-Dammes liegen, wurden am stärksten durch das Erdbeben zerstört. Wahrscheinlich hatten die zur Errichtung des Damms notwendigen Sprengungen die Berge geschwächt.

Das Dorf Jhamak oberhalb des Damms wurde am stärksten in der gesamten Region getroffen. Der Damm von Maneribhali ist weder besonders gewaltig, noch produziert er viel Energie, doch wurde er bereits vor zehn Jahren mit derselben Technologie errichtet, die nun in Tehri angewandt wird, wo trotz heftiger Kontroversen ein weiterer Damm gebaut wird. Um den Maneribhali Damm zu errichten, wurden – wie jetzt in Tehri – Felsen gesprengt und Tunnel gezogen. Jhamak selbst sitzt auf einem solchen Tunnel. Während der Damm gebaut wurde, erklärten die Dorfbewohner den Behörden, daß sie dort nicht länger leben wollten, da das Dorf im Falle einer Gefahr, etwa einem Erdbeben, in sich zusammenfallen würde, und baten daher die Regierung, sie umzusiedeln. Selbst das Vieh wurde nachts in seinen unter den Häusern gelegenen Ställen unruhig, wie Bauern gegenüber Umweltschützern berichteten. Die Ortsansässigen waren sich der Gefahr deutlich bewußt.

Über den Zustand des Damms äußerten sich die Behörden nicht, obwohl die Leute befürchteten, daß die Tunnel, die während der Bauarbeiten aus dem Bergmassiv herausgesprengt worden waren, durch das Erdbeben beschädigt wurden. Das einzige, was sie mit Bestimmtheit wissen, ist, daß die Tore des Damms nach dem Beben geschlossen wurden.

Inzwischen wird die Errichtung des Tehri-Dammes in diesem Erdbebengebiet weiterbetrieben, denn die Behörden besitzen die Arroganz eines Eroberers der Natur. Ich hörte, daß sie Versuche unternahmen, die Risse im Damm zu verheimlichen. Den Dorfbewohnern, die über die Gefahr besorgt sind, ist der Zugang zum Dammbereich verboten.

Seit Anbeginn war der Tehri-Damm umstritten, und die Dorfbewohner erklärten nun den Umweltschützern ihre Unterstützung für deren Kampf gegen den Damm, der nach seiner Fertigstellung 260 Meter hoch sein wird. Augenblicklich mißt seine Höhe nur zwei oder drei Meter, doch sollte er bereits jetzt Risse aufweisen, die lediglich repariert werden, wird er niemals sicher sein. Einige Wissenschaftler fürchten, der Tehri-Damm könnte, sollte er bersten, innerhalb von zwanzig Minuten die keine 50 km entfernt liegendenTempelstädte Rishikesh und Haridar völlig zerstören. Diese Arroganz, die sich »Entwicklung« nennt, ist die größte Gefahr für Natur, Umwelt und die menschliche Rasse.

An allen großen Flüssen des Himalaya – Pindar, Mandakini und Alaknanda – finden sich Wasserkraftprojekte, wenn auch keine so gewaltigen wie Tehri. Das größte Problem für die dortige Bevölkerung besteht darin, daß die Dämme ihnen das fruchtbarste Land entlang der Flüsse rauben. Dies trifft vor allem die Frauen, auf deren Schultern die größte Arbeitslast liegt, da die Männer die Dörfer verlassen, um in den Ebenen zu arbeiten. Ackerbau und Viehzucht in den Bergen liegen daher in den Händen der Frauen, die andererseits ihre Unabhängigkeit durch die Freude und Kraft gewinnen, die ihnen die naturverbundene Arbeit gibt.

Im Laufe meiner fünfzig Lebensjahre konnte ich beobachten, wie die Beziehung zwischen Mensch und Natur verkümmerte. Für meine Großmutter und Mutter war der Dschungel der vertrauteste, liebste und lohnendste Arbeitsplatz, denn dort waren sie, selbst wenn sie den ganzen Tag im Wald gearbeitet hatten, stets voller Freude. Dort konnte ich sie singen, lachen und ihre innersten Gedanken austauschen hören. Im Dorf und in ihrem Haus, wo sie an soziale Verpflichtungen gebunden waren, hätten sie sich nicht so frei und gelöst geben können, und deswegen arbeiteten meine Mutter und meine Tante lieber im Wald als zuhause.

All dies prägte ihre Generation in solchem Maß, daß meine Eltern zu den Bäumen auf der Wiese sprachen: »Entschuldigt, daß ich Eure Krankheit nicht früher bemerkt habe, aber ich werde für Dich sorgen.« Dies war nicht das Wissen, das wir aus wissenschaftlichen Büchern und Unterricht erfuhren, sondern ein Bewußtsein, das in ihnen heranwuchs, während sie ihr Leben mit Bäumen, Tieren, Luft und Wasser verbrachten. Die Saat dieses Wissens wurde an mich weitergegeben, als ich zehn Jahre alt war. Als ich das erste Mal vor einem Baum stand und mit der Sichel grüne Blätter für das Vieh schneiden wollte, sagte meine Großmutter: »Falte Deine Hände in Respekt und erkläre dem Baum demütig: 'Oh Gott, vergib meinen Händen und Füßen für die Sünde, die ich begehen werde.'« Den Baumgott mit einer Sichel zu verletzen oder selbst den Baum emporzuklettern, war nach ihrer Sicht des Lebens eine Sünde.

Anandbhai, ein Kollege aus dem Dorf Sundarvarti in Kumaon, weiß eine solche Geschichte aus seiner Kindheit. Seine Mutter hatte eine Kuh namens Godhan (Kuh des Glücks), die eine Quelle des Glücks, der Freude und des Friedens für die Familie war, und daher dachten sie gar nicht daran, die Produktivität der Kuh zu steigern, die Milch durch Stallfütterung nahrhafter zu machen und sie dann wegen des Fleisches zu schlachten, denn Anandbhais Mutter war zufrieden mit der Menge Milch, die Godhan gab. Die Kuh war wie ein Teil der Familie. Anandbhai erinnert sich, daß die Familie, nachdem Godhan während des *Diwali* (dem Hindu-Fest des Lichts) gestürzt war und sich das Bein verletzt hatte, so bestürzt war, daß sie nicht einmal eine einzige Öllampe entzünden wollten.

Der Mensch ist ein Teil der Natur und nicht ihr Herrscher. Für einen Herrscher ist die Natur etwas, das nur dem Nutzen dienen soll. Da sich in dieser Region siebzehn Menschen einen Hektar Land teilen müssen, verlangen sie nach mehr Ackerland, doch die zentralisierte Entwicklung, industrielle Projekte wie jene in den Bergregionen von Bhimtal und Pithoragarh und häßliche Bauten, die den Tourismus fördern sollen, verschlingen das Land.

In den Bergen ist die Landwirtschaft Aufgabe der Frau, doch wissen die Frauen von Bhimtal in der Region Nainital nicht, was sie nun tun sollen, nachdem sie ihre Felder und ihr Vieh verloren haben, da das fruchtbare Land verkauft wurde, um Bhimtal in ein Industriezentrum zu verwandeln. Pithoragarh ist das Verwaltungszentrum des Bezirks, in dessen Township nun Bürogebäude das Land überziehen, das einst Farmland war. Die Bauern verkauften das Land und arbeiten nun in den Fabriken oder Büros. Sie sind keine unabhängigen Farmer mehr und gaben den Stolz auf diese Tradition auf.

Diese Art der Entwicklung, die der Landwirtschaft der ethnischen Gruppen und ihren Kulturen keine Bedeutung mehr beimißt, ist falsch, denn dadurch vernichtet man die Kultur einer Gemeinschaft. Das Geschenk eines Lebens in Harmonie mit der Natur verlieh den Frauen der Berge tiefes Verständnis und eine innere Reife, die in ihrem Leben und ihren Protestkampagnen zum Ausdruck kamen. Doch die umweltzerstörerischen Entwicklungsprojekte veränderten die Lebensweise der Frauen. Eine Studie zum Ressourcenabbau im Himalaya-Bezirk Almora zeigte, daß die Frauen, die nahe den Magnesium-minen in den Bergen leben, unter dem Verlust ihrer Kühe und Felder litten. Obgleich von der schweren Arbeit des Ackerbaus und der Viehzucht befreit, sagten alle Frauen, sie hätten Angst, ihre Wurzeln und die Freude des Lebens mit der Natur zu verlieren.

Diese Entwicklung, die ihre Persönlichkeit zerstört, beraubt sie darüberhinaus ihrer fundamentalen Rechte. An ihre eigene Milch, Butter und ihren Honig gewohnt, müssen sie nun auf Milchpulver, *dalda* (Pflanzenöl) und Zucker aus den Ebenen warten. Auf diese Weise übernahmen die transnationalen Gesellschaften die Kontrolle über das Leben der Menschen. Ist dies Fortschritt? Nur Veränderungen, die alles Wunderbare traditioneller Gesellschaften respektieren und bewahren, können als eine wirkliche Entwicklung bezeichnet werden. Doch die falschen modernen Werte verdrängten den Stolz der Menschen auf ihre Gesellschaft, den Respekt für die Umwelt und die Sehnsucht nach Frieden.

Das Verlangen der Menschen nach Stühlen, Tischen, Papier, Schlafwagen, Rosinen, Kräutern, Mineralien und Holzkisten zum Transport von Früchten vernichtete den Wald. Die Frauen des Berges können nicht mehr wie meine Großmutter und Mutter die Bäume um Verzeihung bitten, bevor sie Blätter abschneiden. Heute sind die Frauen in einem Dilemma gefangen: Einerseits wollen sie keine Bäume fällen, doch andererseits brauchen sie Feuerholz und Futter für das Vieh. Was macht eine arme Bäuerin, wenn sie zwischen Bäumen und hungrigen Kühen oder Kindern wählen muß?

Wem nutzt diese moderne wissenschaftliche Entwicklung? Warum dient sie nur den Reichen? Warum hilft sie nicht der Mehrheit, dem einfachen Volk? Während der gesamten vierzig Jahre, die ich an diesem Thema arbeitete, wurden diese Fragen niemals beantwortet und sind immer noch offen.

Frauen sind das Rückgrat des Lebens in den Bergen. Es wurde viel über die schwere Last geschrieben, die die Frauen tragen müssen, doch die neuen Technologien erleichterten das Leben der Frauen nicht; sie verstärkten im Gegenteil die Probleme und ließen die Last nur schwerer werden, da die Frauen nun weitere Strecken gehen müssen, um Wasser, Futter und Feuerholz zu holen. Die Wälder liegen nun weiter entfernt von den Dörfern. So wie der Wald verschwand, trockneten auch während der letzten Jahrzehnte die natürlichen Flüsse und Quellen in den Himalayas aus. Ich werde nie den Anblick der Frauen im Bezirk Almora vergessen, die auf ihrem Kopf Wasserkrüge schleppten, um weit entfernte Felder zu bewässern. Der Großteil des fruchtbaren Berglandes fiel inzwischen den Dammprojekten oder der Verstädterung zum Opfer. Doch trotz dieser Fehlentwicklung verkünden die Frauen weiterhin ihren Protest mit populären Methoden der Frauenbewegung, wie der Agitation gegen Alkohol in den sechziger Jahren, der Chipko-Kampagne gegen Kahlschlag in den siebziger Jahren und dem Protest gegen den Raubbau der Bodenschätze.

Der Kampf gegen den Alkohol war die erste größere Aktion, an der die Frauen teilnahmen. Die Frauen protestierten dagegen, daß sie als erste darunter leiden müssen, wenn ihre Männer Alkoholiker sind. Sie verkündeten auch ihre

Ablehnung gegen eine Entwicklung, die durch den Alkoholverkauf, einer gewaltigen Einnahmequelle der Regierung, finanziert wird. Sie wollten nicht, daß die Regierung Alkohol an ihre Männer verkauft und dann ein paar Wohlfahrtsprojekte damit unterhält.

Es war jedoch die Chipko-Kampagne, die die Aufmerksamkeit der Welt auf die Stimmen aus dem Himalaya richtete. Obgleich die Sprecher der Chipko-Bewegung Männer sind, wurde diese von den Frauen der Gahwal-Himalayas in dem Dorf Reni im Bezirk Chamoli ins Leben gerufen. Die Dorfbewohner wollten eine Einschlaggenehmigung, um einige Eichen oder Eschen fällen zu dürfen, um daraus Pflüge zu bauen, was ihnen jedoch verweigert wurde. Wenig später erteilte die Regierung der in Allahabad ansässigen Symonds Company, die Sportartikel wie Badminton- und Hockeyschläger produziert, die Genehmigung, fünf oder sechs Eschen zu fällen. Die Bewohner waren darüber sehr aufgebracht, da den Behörden offensichtlich Sportartikel wichtiger waren als Pflüge.

Das ist genau das Problem dieser Entwicklung – die Prioritäten werden vollkommen durcheinander geworfen. Die Menschen können sich nur ernähren und überleben, wenn sie Pflüge besitzen.

Die Behörden geben dem Sport Vorrang vor dem Überleben. Natürlich waren die Leute sehr wütend und beschlossen daher, die Holzfäller daran zu hindern, die Bäume zu fällen, in deren Umgebung sie seit Generationen gelebt hatten. Als jedoch die Holzfäller kamen, waren die Männer nicht im Dorf, da man sie beauftragt hatte, in Chamoli lang überfällige Entschädigungszahlen für Land, das die Regierung übernommen hatte, einzuholen. Daher beschlossen die Frauen, sich den Holzfällern selbst in den Weg zu stellen. Zunächst wurden sie nur ausgelacht, doch die Frauen schlugen zurück, indem sie sich vor den Eschen aufrichteten und den Holzfällern erklärten: »Der Wald ist das Heim unserer Mutter. Wir werden euch nicht erlauben, die Bäume zu fällen.« Sie standen vor den Bäumen, ohne sich an sie zu klammern, und sagten: »Wenn ihr versucht, die Bäume zu fällen, müßt ihr erst uns niederstrecken.« Am Abend mußten die Holzfäller schließlich abziehen.

Mit diesem Vorfall wurde die Chipko Andolan (Bewegung) ins Leben gerufen. Langsam verbreitete sich die Nachricht, was in Reni vorgefallen war, in sechs oder sieben weiteren Bezirken im ganzen Tal. Die Menschen begannen zu begreifen, daß sie ihre Bäume retten konnten, statt schweigend mitanzusehen, wie sie gefällt und mit Lastwagen in die Ebenen abtransportiert werden.

In Kumaon wurde die Nutzung eines großen Waldes der Firma Star Paper Mills überlassen, die eine Genehmigung besaßen, verkümmerte Fichten zu fällen, wofür sie der Regierung einen Nominalwert zahlte. Da jedoch niemand Kontrollen durchführte, wurden auch gesunde Bäume gefällt. Ich kann mich an LKW-Ladungen voller Stämme erinnern, die an unserem Dorf vorbei in die Ebenen transportiert wurden.

Als Chipko in Gahwal begann, wußten wir, daß wir in Kumaon dieselben Mittel einsetzen konnten, um das Verschwinden der Bäume zu verhindern. Wir forderten die Regierung von Uttar Pradesh auf, den Vertrag mit Star Paper Mills zu kündigen. Obwohl es lange dauerte, der Briefwechsel ging hin und her und es wurden mehrere Treffen abgehalten, wurden schließlich keine Stämme mehr aus dem Wald abtransportiert, und der Vertrag wurde aufgehoben.

Auch in Tehri Gahwal gab es eine weitere ähnliche Aktion, Badiyargah, benannt nach dem Dorf, in dessen Umgebung kommerzieller Einschlag durchgeführt wurde und wo die Leute nach einem langen Kampf die Kündigung der Verträge erreichen konnten.

Eine weitere bedeutende Aktion fand im Dorf Paintoli im Bezirk Chamoli statt, wo ein Eichenwald bereits zur Hälfte gerodet worden war, um einer Kartoffelfarm zu weichen. Die Männer unterstützten den Plan der Kartoffelplantage, da sie sich durch das Projekt Arbeitsplätze erhofften, die ihnen erlauben würden, im Dorf zu bleiben und nicht auf der Suche nach Arbeit in die Ebenen abwandern zu müssen. Die Frauen hingegen hielten das Projekt im ganzen nicht für sinnvoll. Es erschien ihnen nicht klug, den Eichenwald zu fällen, denn dadurch würden die Wasservorkommen austrocknen, was bedeutet hätte, daß sie weitere Wege hätten zurücklegen müssen, um den täglichen Bedarf an Futter und Brennmaterial einzuholen. Chipko-Aktivisten schalteten sich ein, und nach einer Weile konnten auch die Männer den Standpunkt der Frauen verstehen.

1978 begannen die Bewohner des Dorfes Khirakot, nicht weit entfernt von meinem Ashram in Kausani, sich gegen eine Mine in einem nahegelegenen Wald zu engagieren. Interessanterweise wurde der Wald, der durch überstarke Ausbeutung verwüstet war, dank der Bemühungen der Frauen im Dorf, die überein gekommen waren, dort weder Futter noch Brennmaterial, noch Gründünger zu sammeln, wieder begrünt. Damals hatte ein Speckstein-Hersteller dort eine Abbaugenehmigung erhalten. Während die Frauen wütend waren, zeigten sich die Männer nicht im mindesten beunruhigt, sondern warfen den Frauen gar vor, sie würden nicht verstehen, daß dies Fortschritt bedeuten würde. Die Männer glaubten, eine Straße zu ihrem entlegenen Dorf würde errichtet werden und noch andere moderne Einrichtungen wie Elektrizität würden Einzug halten, und sie dachten auch, daß sie in der Mine Arbeit finden würden. Doch die Sache entwickelte sich für den Besitzer ungünstig, als zwei Männer in der Mine ums Leben kamen und nun das ganze Dorf ungehalten wurde. Gleichzeitig entschied der Besitzer, Arbeitskräfte aus den Ebenen und aus Nepal zu holen. Lakshmi Ashram wurde gebeten, den Bauern organisatorisch beizustehen, um die Mine, die ihren Wald zerstörte, zu stoppen. Nach zweieinhalb Jahren gingen die Dorfbewohner siegreich aus dem Kampf hervor.

Diese Aktionen waren keine leichten Kämpfe. Die Menschen finden sich auf der einen Seite, auf der anderen stehen Politiker, Behörden, Vertragspartner und manchmal auch die Medien. Mir wurde vorgeworfen, ich sei eine Frau, der moralische Grundsätze fehlten. Doch die Menschen sind stark und fest vereint. Nachdem sie gewonnen hatten, pflanzten sie dort Bäume, wo der Bergbau zur Erosion geführt hatte. Auf diese Weise wuchs die Chipko-Bewegung, indem man zunächst das Fällen der grünen Bäume verhinderte und dann die Mine selbst. Das Hauptmotto der Bewegung lautet *Kya hai jungle ke upkar – mitti, pani aur bayar* (Was gibt der Wald – Erde, Wasser und saubere Luft).

Wir sind gegen den Tehri-Staudamm, denn er wird, obwohl er Hunderte von Hektar Land bewässern und Elektrizität produzieren wird, den Menschen der Berge mehr nehmen als geben. Es wurde oft gesagt, daß der Fortschritt einen Preis verlangt, doch die Frage lautet: Wer zahlt den Preis? Die Antwort ist stets die gleiche: die Armen. Warum sollen Menschen, die seit Generationen in denen Bergen lebten, die den Wald und die Täler retteten, durch die die Flüsse fließen, den Preis bezahlen, während reiche Außenstehende davon profitieren?

Ironischerweise kämpft die Chipko-Bewegung noch immer gegen dieselben Leute, die einst in den sechziger und siebziger Jahren die Holzverträge hatten, denn nachdem sie gezwungen waren, die Holzfällerei einzustellen, wandten sie sich dem Bergbau zu. Und während die kleinen Minenbesitzer nicht die Vertragspartner des Staudammprojektes sind – letztendlich sind sie nicht so reich –, bekämpfen wir dieselbe Art von Menschen, nämlich diejenigen, die nur an sich denken. Die Entwicklung scheint nur diesen zu nützen.

Das Ziel der Chipko-Bewegung ist eine unabhängige und harmonische Lebensweise, eben jene, für die die Frauen aus Reni, Paintoli, Badiyargah und Khirakot kämpften. Es ist stets ein Konflikt zwischen zwei Lebensformen – in der einen zählt allein das Geld, und die andere versucht Wasser, Wald, Vegetation und Boden für die nächsten Generationen zu bewahren, eine Lebensweise, in der die Menschen unabhängig sind und mit der Natur zusammenarbeiten ohne sie erobern zu wollen.

Der Schlüssel liegt darin, die Menschen selbst sagen zu lassen, was sie wollen. Wir, die Frauen der Himalayas, haben der Welt deutlich gemacht, daß wir den Staat nicht mit Einnahmen aus der Alkoholsteuer versorgen wollen, sondern mit einer sauberen Umwelt. Die Bergflüsse werden keine unbegrenzten Energiemengen liefern, sondern die Felder der indischen Ebenen bewässern und die Erde fruchtbar machen. Die Wälder des Himalaya werden nicht wahllos die Konsumentenstädte beliefern, sondern der Welt eine Kultur des Friedens und der Liebe geben.

Anmerkung der Herausgeber:
Finanzielle und sicherheitspolitische Unwägbarkeiten stellen die Zukunft des umstrittenen Projekt im Himalaya in Frage. Angeblich zieht man die Wiederansiedlung der 100000 Menschen, die wegen des Staudamms umgesiedelt wurden, in Erwägung. Die Region wurde im Oktober 1991 von einem Erdbeben der Stärke 6,1 auf der Richter-Skala erschüttert, bei dem rund 1000 Menschen getötet wurden. Diese Katastrophe brachte dem Protest gegen das Projekt neue Unterstützung. Kellis Borok, ein international führender Seismologe aus der ehemaligen UdSSR, äußerste ernsthafte Vorbehalte gegen die Sicherheit des Damms nach dem Beben. Die Verantwortung für die Fertigstellung des Damms liegt bei der russischen Regierung.

Die Maasai: Die Schlinge zieht sich zusammen

von
Kamoriongo Ole Aimerru Nkongoni

(Maasai/Kenia)

erzählt für Lynne Mansure
und Jonathan Ololoso

Zu Beginn des Jahrhunderts wanderten die Maasai über 1000 Kilometer zwischen Kenia und Tanzania hin und her, von den östlichen Ufern des Turkana-Sees im Norden bis in die Gegend in Tanzania im Süden, die heute Dodona heißt.

Mit dem Einsetzen der Kolonisierung begannen Siedler sich Maasai-Land anzueignen, und im Lauf der Zeit wurde entschieden, die Maasai in den südlichen Teil Kenias umzusiedeln, wo sie heute leben. Das Gebiet teilt sich in zwei Distrikte, Narok, weitgehend eine Hochebene, und Kajiada, das sich zumeist in tieferen Regionen erstreckt.

Die Maasai zählen gegenwärtig nur wenig über 300 000 Menschen. Es wird geschätzt, daß die Maasai nahezu 7% der Landoberfläche Kenias bewohnen, obwohl sie nur 1% der kenianischen Bevölkerung ausmachen. Sie sind es in erster Linie, die entwurzelten Bauern eine Heimat geben.

Das Verfahren, landlose Bauern aus anderen Gegenden Kenias ins Maasai-Land umzusiedeln und sie dort Land beanspruchen zu lassen, war bereits während der Kolonialzeit üblich. Jedoch wurde diese Entwicklung durch zwei Faktoren gemildert: zum einen durch die Sitte der Maasai, Fremde in ihre Gemeinschaften aufzunehmen, und des weiteren war Land während der Kolonialzeit gemeinschaftlicher Besitz der Gemeinden, so daß Einwanderer im Maasai-Land dem Rechtssystem der Maasai unterworfen waren. Mit dem Erreichen der Unabhängigkeit 1963 änderten sich die Verhältnisse.

Die Idee, Reservate für Menschen aufrechtzuerhalten, wurde aufgegeben. Jeder Kenianer konnte sich jetzt innerhalb der Republik niederlassen wo er wollte. Die schrittweise Einführung eines modernen Landeigentumsystems bedeutete, daß die Maasai jetzt in der Lage waren, an Nicht-Maasai Land zu verkaufen. Das Ausmaß dieser Invasion des Maasai-Landes durch Nicht-Maasai war so groß, daß die Maasai-Bevölkerung nach der Volkszählung von 1979 in Kajiada nur noch 58,8% und im Narok-Distrikt nur 56% ausmachte.

Die Tradition der Maasai kannte die Bedeutung von Landbesitz nicht, da sie als Nomaden lebten. Deshalb trennten sie sich von ihrem

Landbesitz, bevor sie seinen Wert richtig einzuschätzen gelernt hatten. Wo sollen sie nun ihr Wanderhirtendasein führen? Sollen die stolzen Maasai, ihrer Lebensgrundlagen beraubt, als Nachtwächter in den Vorstädten Nairobis enden?

Eine weitere Ursache, die unberechenbaren Einfluß auf die Maasai ausübte, war die Enteignung riesiger Landstriche, um sie in Nationalparks umzuwandeln, und obwohl es eine Tatsache ist, daß die Maasai jahrhundertelang friedlich mit den Tieren der Wildnis zusammenlebten, ist es heute angeblich so, daß die Tiere der Wildnis nicht mehr mit den Maasai zusammenleben können. Deshalb ist es den Maasai nicht mehr erlaubt, ihre Herden in einem Park weiden zu lassen.

Alles in allem kontrollieren die Maasai nur etwa ein Viertel des Landes, welches sie zu Beginn des Jahrhunderts besaßen. Darüberhinaus wurden kürzlich riesige Landstriche des Narok-Distrikts für den Weizenanbau freigegeben. Während dies den dortigen Maasai viel Geld einbrachte, führte es auch zu Umweltzerstörung, weil die Abtragung der Grasnarbe in einem empfindlichen Ökosystem zur Bodenerosion führt.

Weil das beste Land für Äcker und Wildnisparks enteignet wurde, sind die Herden der Maasai zunehmend auf weniger und schlechterem Weideland zusammengedrängt. Als ein Projekt, die Maasai zu »modernisieren«, hat die Regierung eine Anzahl von Gemeinschaftsviehzuchtbetrieben in diesen Trockengebieten eingerichtet. Unglücklicherweise unternahmen einige Mitglieder dieser Gemeinschaftsranches einen weiteren Modernisierungschritt, indem sie ihre Anteile in Eigentumseinheiten aufteilten, die in keinem Fall eine Chance auf erfolgreiche Herdenhaltung haben und deshalb viel zu häufig an Nicht-Maasai verkauft werden. So werden die Söhne enterbt.

Ein großes Fragezeichen hängt über den Bestrebungen, die Maasai seßhaft zu machen. Dies ist jedoch noch immer die erklärte Politik der Regierung, für die auch nur die Vorstellung von Nomadismus undenkbar ist. Die wohlbegründeten Überlegungen, die auf Kamoriongos Rechtfertigung von Nomadismus als bestem Weg für Herdenhaltung und Umweltschutz beruhen, bedürfen mehr denn je einer ernsthaften Prüfung.

Am Anfang war Gott allein. Sein Maasai-Name war *Ngai*, und er war überall zugleich und auf niemanden angewiesen. Himmel und Erde waren eins, verbunden durch das Wasser.

Nach einiger Zeit begann das Wasser abzufließen, und Himmel und Erde trennten sich. Auf dem sinkenden Wasser schwammen Nester jeder Größe, jedes enthielt einen Mann und eine Frau einer bestimmten Art. Ein kleines Nest trug zwei Safari-Ameisen, ein riesiges Nest enthielt zwei Elefanten. In einem anderen waren zwei menschliche Wesen, ein Junge und ein Mädchen. Gott sorgte für Nahrung für diese Geschöpfe.

Nach und nach verschwanden die Fluten. Etwas Wasser wich nach Süden und etwas davon ging nach Norden zurück. Berge wuchsen empor, und Pflanzen begannen zu wachsen. Als sich das Wasser zurückzog, kamen die Nester auf der Erde zur Ruhe und brachen auseinander. Sie gaben die verschiedenen Tierarten frei – Löwen, Giraffen, Fliegen und natürlich auch die Menschenwesen. Alle Geschöpfe konnten sprechen, alle in der gleichen Sprache.

Doch dann ergab sich eine Schwierigkeit – was sollte gegessen werden? Anfangs aßen sie alle Früchte, doch nach und nach begannen einige Gras zu essen und wiederum andere Fleisch.

Da sandte Gott die Rinder über eine Leiter vom Himmel herab. Sie wurden Maasinta gesandt, dem ersten Maasai, den Gott wissen ließ: »Dies ist das letzte Mal, daß ich etwas für euch tue, deshalb sollt ihr dieses Vieh lieben, wie ich euch liebe.« Seither verehren die Maasai das Vieh.

Die Maasai, ein traditionell nomadisch lebendes Volk im heute Ostafrika genannten Erdteil, blieben bei ihrem Vieh und liebten es, wie Gott es ihnen aufgetragen hatte. Sie wissen, daß das Vieh, um gesund zu bleiben, genügend Gras und Wasser braucht, und das heißt ständige Wanderung zu neuen Weiden. Aber heutzutage ist das Land nicht mehr für alle da. Das Land wurde grundstücksweise verkauft, und wenn die Maasai keine Weidegründe mehr haben, was sollen sie machen? Ein Maasai ohne Vieh ist kein Maasai.

Ich gehöre zum *Ilaiser*-Clan der *Purko Maasai*, und meine Altersklasse ist *Ilterito*. Wie bei vielen traditionellen Völkern

Ostafrikas gibt es bei den Maasai die Gerontokratie, die Führung durch alte Männer. In ihr ist der soziale Aufstieg durch ein gestuftes Altersklassensystem geregelt, von denen jede Altersklasse etwa 15 Jahre dauert.

Viele Mitglieder der *Ilterito*-Altersklasse sind heute schon tot, aber ein paar von uns leben noch. Wir sind diejenigen, die die Erlaubnis für die Zeremonien wie zum Beispiel die Beschneidung geben. Wir helfen, wenn die Leute vergessen haben, wie man diese Dinge richtig durchführt. Wir stehen den Treffen zur Gemeindepolitik vor, wir schlichten Streit und bewahren die Rechtsüberlieferungen in Strafangelegenheiten.

Die Gruppe, die uns nachfolgt, heißt *Linyangusi*, und sie übernehmen Schritt für Schritt unsere Aufgaben, weil wir langsam zu alt werden. (Ich wurde Anfang des Jahrhunderts geboren.) Die nächste Altersklasse heißt *Eseuri*. Sie sind es, die die Regierung vorzugsweise auf verantwortungsvollen Positionen, zum Beispiel als Häuptlinge, haben will. Die jüngste Altersgruppe wird *Ilkitoyiip* genannt. Sie müssen am härtesten arbeiten, denn sie sind jung und stark. Sie werden gebeten, gegen die Löwen zu kämpfen, Vieh über weite Entfernungen zu führen oder nach verlorengegangenen Rindern zu suchen.

Die Kühe stehen immer im Mittelpunkt des Maasai-Lebens. Als Gott die Kühe an Maasinta sandte, wurden die Frauen eifersüchtig, weil die Kühe mehr Milch hatten.

Eines Tages sprach eine Frau zu einer Kuh: »Meine Brüste haben nicht genügend Milch für mein Kind.«

Die Kuh antwortete: »Du kannst zwei meiner Brüste melken, aber zwei davon mußt du meinem Kalb überlassen.«

Da sprach die Frau: »Mein Kind braucht Fleisch.«

Und die Kuh antwortete: »Nimm einen Bogen und einen Pfeil. Lege ein Seil um meinen Hals und schieße den Pfeil in meine Vene. Dann nimm mein Blut, es wird verklumpen und wie Fleisch sein.«

Die Frau sprach: »Mein Kind braucht Fett.«

Und die Kuh antwortete: »Schütte meine Milch in einen Kürbis und laß sie sauer werden. Dann schüttele sie, und du wirst Fett haben.«

Schließlich sprach die Frau: »Mein Kind braucht Knochenmark.«

Da antwortete die Kuh: »Jetzt erkenne ich deine Absicht. Du willst mich verhexen. Von mir aus kannst du dies tun, aber vorher werde ich dir von den vier Dingen erzählen, die mir wohlgesonnen sind, und den vieren, die mich hassen.

Die vier Dinge, die mich lieben, sind der Mann, der mich vor den wilden Tieren schützt, die Regenzeit, die mir das Gras gibt, das Mondlicht und schließlich ein ebener Platz.

Die vier Dinge, die mich hassen, sind die Frau, die nicht einmal daran denkt, mich zu schützen, die Hungersnot, die meinen Tod bedeuten kann, die Dunkelheit, in der die Gefahr lauert, und der Urwald, wo die wilden Tiere herrschen.

Ich habe gesprochen«, schloß die Kuh. »Wenn du mich verhexen willst, kannst du jetzt damit anfangen.«

So ging die Frau zum Mann und sagte:

»Die Kuh versucht unser Kind mit einem Fluch zu schlagen. Wir müssen sie verhexen.«

Der Mann folgte dem Rat der Frau und verzauberte die Kuh. Von diesem Augenblick an konnten die Kuh und all die anderen Tiere nicht mehr sprechen. Als Gott sah, was den Tieren widerfahren war, gab er ihnen den Geruchssinn, so daß sie sich selbst schützen konnten. Dem Menschen wurde der Geruchssinn nicht gegeben, denn Gott wußte, daß der Mensch, hätte er zugleich mit seiner Fähigkeit zu sprechen auch noch den Geruchssinn erhalten, bald alles auf der Erde erledigt hätte.

Nach einiger Zeit gab es eine Hungersnot. Die Menschen waren hungrig und begannen um Nahrung zu streiten. Gott beschloß, Stämme zu schaffen. Jedem Stamm gab er weise Männer und eine Sprache und erklärte, welche Nahrung sie zu sich nehmen sollten. Den Kikuyu wurden Ackerfrüchte gegeben, den Somalis und den Maasai die Rinder.

Damit eine Gemeinschaft wohlhabend bleibt, müssen die Tiere genug zu fressen bekommen, und deshalb ist es notwendig, umherzuziehen. In der Vergangenheit konnte ein Maasai losziehen und überall sein Heim errichten, wenn dort gerade niemand lebte. Falls jemand dort wohnte, konnte die Erlaubnis von dort oder von den Ältesten eingeholt werden.

Es hing von den Jahreszeiten ab, wohin die Maasai gingen. In den feuchten Jahreszeiten zieht man von den Flüssen fort, weil die Tiere dann auch an den Wasserlöchern trinken können. Dann müssen weitere *Manyattas* gebaut werden. Das sind eingezäunte Einfriedungen mit Hütten und einem freien Platz in der Mitte, wo die Rinder schlafen können. In der Trockenzeit bleibt man in der Nähe der Flüsse, weil die Tiere jeden zweiten Tag trinken müssen, oder wenn es nur sehr wenig Gras gibt, nur jeden dritten Tag. Das bedeutet, daß ein, vielleicht zwei Tage auf der Weide, ein dritter für den Weg zum Fluß benötigt werden. Esel begleiten die Rinder und bringen das Wasser für die Leute in die *Manyattas.*

Allgemein sollte man versuchen, die Tiere so weit wie möglich von den Flüssen entfernt grasen zu lassen. Wenn die Tiere zu nah an den Flüssen weiden, wird die Grasnarbe zerstört. Das erklärt, warum viele *Manyattas* weit von den Flüssen entfernt in den Weidegebieten liegen. Das ist vielleicht für die Menschen unpraktisch, aber besser für die Tiere. Auch ist es wichtig, daß die Menschen gemeinsam einen Platz bewohnen und der übrige Teil den Tieren überlassen bleibt. Wenn die Leute überall verstreut lebten, würden nicht genügend Weidegründe übrigbleiben.

Ich lebte zuerst im Tiefland, weil das gut für die Kühe war. Es gab viel Gras, und es war warm. Ich konnte es nicht ertragen, mitanzusehen, wie meine Kühe im Hochland am Zeckenfieber starben. In diesen Tagen war die Gegend gut, und ich war allein hier. Jetzt sind hier zuviele Leute, und es gibt nicht ausreichend Gras. Wir müssen die Kühe ins Hochland zurückschicken, damit sie genug zu fressen bekommen.

Heutzutage bleiben die Leute zu oft und zu lange an einem Ort. Sie wollen nahe am Wasser sein, aber auch die Regierung will, daß sie an einem Ort bleiben. Sie ist der Meinung, dieses Gebiet gehöre diesem Clan und jenes Gebiet dem anderen Clan. Heutzutage gibt es sogar Land, welches einem einzelnen gehört, das gab es vorher nie.

Selbst dann erlauben die Maasai anderen das Weiden auf ihrem Land. Sollten sie das nicht tun, wie würde es ihnen ergehen, wenn sie eine Dürrezeit durchmachen müssen? Dann könnte es ja sein, daß sie ihr Vieh auf dem Land der anderen weiden lassen müssen. Es ist offensichtlich, daß wir einander helfen müssen. In der alten Zeit war jemand, der glücklich genug war, daß einige seiner Rinder eine Dürre überlebten, dazu gezwungen, seinen Verwandten, die ihre Tiere verloren hatten, einige Rinder abzutreten. Das ist heute nicht mehr so üblich. Rinder sterben immer bei einer Dürre. Deswegen ist es notwendig, viele zu besitzen. Ein Maasai mit weniger als 50 Rindern ist ein armer Mann. Einer meiner Altersgenossen hat mehr als 2000 Rinder und ist demzufolge ein hochgeachteter Mann.

Menschen müssen einer Gemeinschaft angehören. Für den Maasai beginnt dies mit der Beschneidung, dem ersten wichtigen Ereignis im Leben eines jungen Mannes. Nachdem er beschnitten worden ist, geht der junge Mann mit seinem *Moran*, einem gleichaltrigen Freund, in den Busch, um gemeinsam Gefahren zu bestehen. Sie jagen, werden körperlich stärker und lernen Strapazen ohne Jammern zu ertragen. Am wichtigsten ist, daß sie Teil einer Gruppe werden. Doch die Dinge ändern sich. Früher führten die Krieger Raubüberfälle aus, um Vieh zu erobern, von Nicht-Maasai, versteht sich. Das waren tapfere, mutige Taten, die am hellen Tag stattfanden. Heutzutage schleichen sie herum und stehlen bei Nacht, eine Schande für die Maasai.

Zu meiner Zeit pflegte ein *Moran* volle sieben Jahre im Busch zu verbringen. Auf diese Weise lernten sich die Mitglieder einer Altersklasse wirklich gut kennen und fühlten sich als Teil einer Gruppe. Weil heute viele der Jungen in die Schule gehen, verbringen sie viel weniger Zeit mit ihrem »Moranschafts-Training«. So nehmen die alte Disziplin und Solidarität weiter ab. Wenn die Zeit als *Moran* beendet ist, wird die *Eunoto*-Zeremonie abgehalten, um den jungen Krieger als volles Mitglied der Gemeinschaft einzuführen. Dann kann ihm sein Vater das Erbe anvertrauen, und er bekommt die Verantwortung für sein eigenes Vieh, Rinder, Ziegen und andere Besitztümer übertragen. Er kann für sie seine eigenen Weidevorkehrungen treffen oder sie sogar verkaufen. Er könnte entscheiden, seine eigene Manyatta zu errichten, oder falls er in der Manyatta seines Vaters bleiben will, sein eigenes Tor zu bauen, durch welches sein Eigentum ein- und ausgeht.

Der nächste wichtige Schritt eines jungen Mannes ist die Heirat. Er wird sich von seinem Vater oder seinen Freunden beraten lassen. Ein passendes Mädchen darf weder seiner Altersgruppe oder seinem Clan angehören, noch darf es direkt mit ihm verwandt sein. Eine ideale Ehefrau sollte aus einer guten Familie kommen, einer, die reich ist. Sie sollte gesellig sein, freundlich, arbeitsam und sauber. Wenn sie Kühe mag und es versteht, die Tiere zu zählen, wird sie ein Gewinn für ihren Ehemann sein.

Wenn die neue Braut in der *Manyatta* ihres zukünftigen Ehemanns eintrifft, bestimmt er eine Anzahl Tiere, die sie zu melken und zu hüten hat. Zusätzlich wird ihr jeder der nächsten Anverwandten des Ehemanns ein Tier schenken. Von da an wird sie von diesen Verwandten nach ihrem Geschenk bezeichnet. Die Personen, die ihr zum Beispiel eine Ziege gaben, werden von ihr als der »Ziegenbesitzerin« sprechen, während jemand anders, der ihr ein Schaf gegeben hat, sie als »Schafsbesitzerin« ansprechen wird.

Der Ehemann wird nicht alle seine Tiere seiner Frau anvertrauen. Er behält einige für sich zurück, und sollte er wieder heiraten wollen, kann er der neuen Frau Tiere aus seinem eigenen Bestand geben. Es wäre falsch, ein Tier der einen Frau wegzunehmen, um es einer anderen zu geben. Jedoch kann der Ehemann jedes der Tiere, die er seiner Frau zugesprochen hat, verkaufen oder schlachten.

Ein junger Mann, der sich der *Eunoto*-Zeremonie unterzogen hat, wird als »kleiner Ältester« betrachtet. Er hat das Recht, bei den Ältestentreffen zugegen zu sein. Es gibt mehrere Arten von Treffen, zum Beispiel diejenigen, welche von Einzelpersonen einberufen werden, um einen Streit zu schlichten, oder die, in welchen die allgemeinen Belange der Gemeinschaft besprochen werden, etwa Weidevereinbarungen oder Umzugspläne. Wenn schlechte Weide kurz vor dem Regen abgeflämmt werden soll, wird ein Treffen einberufen, das einen »kleinen Ältesten« damit beauftragt, das Vorhaben zu überwachen und sicherzustellen, daß es ordentlich durchgeführt wird, so daß keine Bäume zerstört werden.

Maasai lernen, die Mitglieder ihrer Altersgruppe und alle anderen gleich zu behandeln. Deswegen mögen die Maasai die Vorstellung, Angestellte zu sein, überhaupt nicht. Jeder Mann sollte sich auf sein Eigentum verlassen können. Natürlich gibt es immer ein paar Leute, die arm sind. In solchen Fällen ist es besser, solch einen Mann darum zu bitten, die eigenen Tiere zu hüten, und nach einiger Zeit macht man ihm das Geschenk einer Kuh oder einer Ziege. So kommt er zu Eigentum, und irgendwann wird er nicht mehr arm sein.

Heutzutage ist alles anders. Als ich jung war, gab es viel Regen. Die Flüsse traten regelmäßig über die Ufer, heute ändert sich das Wetter. Manchmal frage ich mich, ob uns Gott nicht für unsere Sünden straft, doch nur er weiß die Antwort darauf. Wir glauben, daß wir viele dieser Probleme den Menschen anderer Stämme zu verdanken haben. Uns Maasai ist es nicht erlaubt, Bäume oder Sträucher an den Flußufern abzuhacken. Einige Fremde leiten zur Bewässerung sogar Bäche auf ihre Grundstücke. Die Maasai glauben, daß deshalb die Bäche und Sümpfe austrocknen. Es ist schlecht, wenn der Boden aufgebrochen und die Pflanzendecke zerstört wird, die sonst einiges an Vieh ernähren könnte.

Es wird immer schwieriger, von einem Ort zum anderen zu ziehen, um Weideland zu finden, weil den Leuten bestimmte Grundstücke zugeteilt worden sind. Einige haben ein Trokkengebiet erhalten, und das bedeutet, daß sie gezwungen sind, sich auf die zu verlassen, die ein besseres Gebiet bekommen haben. Den Maasai ist es wichtig, eine *Manyatta* für die Trockenzeit und eine *Manyatta* für die Regenzeit zu haben. Wie soll das gehen, wenn jeder nur ein Stück Land besitzt?

Die Tiere müssen weite Strecken zurücklegen, um gutes Gras zu finden, und sie werden müde dabei. Andererseits werden sie schwach, wenn sie immer am gleichen Ort bleiben, weil sich die Weide nicht erholen kann. Das ist es, was gegenwärtig geschieht. Die Tiere sind schwach und geben nicht viel Milch. Darunter leiden die Kinder.

Einige der Gegenden, in die wir unsere Tiere brachten, wurden jetzt zu Nationalparks erklärt, und wir dürfen nicht mehr dorthin. Das ist ungerecht. Wenigstens in der Trockenzeit sollte es uns erlaubt sein, unsere Tiere dorthin zu schaffen. Die Maasai stören die wilden Tiere nicht, wir lassen sie in Frieden, weil sie Teil der Schöpfung Gottes sind.

Als ich jung war, gehörte das Land allen, aber heutzutage haben einige Leute Besitztitel und fangen an, ihr Land zu verkaufen, manchmal für sehr wenig Geld. Einige dieser Leute, die ihr Land verkauft haben, weiden ihre Tiere auf dem Land anderer Leute oder dem Land, das der Regierung gehört, einige arbeiten für andere. Das ist schlecht für die Maasai. Ich habe beobachtet, daß die Leute heutzutage einander nicht mehr wie früher achten. Sie sind gierig geworden und denken nur noch ans Geld. Einige wurden sehr reich, während ihre Verwandten und Altersgenossen arm bleiben. Statt daß sie sich gegenseitig helfen, wie es ihre Pflicht ist, sorgen sie nur für sich selbst.

All diese schlechten Dinge habe ich gesehen, aber ich weiß, daß den Maasai die Regeln aufrechten Verhaltens und sozialer Organisation von Maasinta, dem ersten Maasai, gegeben wurden. Er ist derjenige, der allen Pflanzen und Tieren Namen und uns unsere Sprichwörter gab. Was immer auch geschehen mag, wir sollten fortfahren zu tun, was er uns gelehrt hat. Die Maasai sollten auch weiterhin ihre Ältesten respektieren. Wir haben ein Sprichwort, das besagt: »Der Hals kann sich nicht über den Kopf erheben.« Das bedeutet, daß die Älteren über den jungen Leuten stehen müssen.

Schließlich ist zu sagen, daß ein Maasai ohne Vieh kein Maasai ist. Er ist machtlos und wird von der Gesellschaft nicht anerkannt. Wir müssen unser Leben mit den Tieren fortsetzen, denn dies ist das Leben, das wir kennen. Die Rinder wurden uns von Gott gegeben, deshalb müssen wir sie weiterhin behüten, in Übereinstimmung mit seinem Willen.

Sie bauten einen Damm, um unseren Fluß wegzunehmen

von Baher Kamal

(Nubier/Ägypten)

Dieses Kapitel ist eine Synthese aus Berichten, die von Mitgliedern einer Nubiergemeinde erzählt wurden, die in den sechziger Jahren als Folge der Errichtung des Assuan-Staudammes von ihrem Land vertrieben wurden und heute in Kom Ombo im südlichen Ägypten leben.
Der ägyptische Journalist Baher Kamal hat diese Erzählungen zusammengetragen.

Der Nil war für die Nubier stets Anfang und Ende aller Dinge. Dies war schon lange so, bevor westliche Reisende kamen, um dies zu dokumentieren. Die Mythologie unserer Vorfahren erzählt, daß die Welt aus einem Chaos geboren wurde, das aus dem dramatischen Zusammentreffen des ersten Wassers der Flüsse mit unserem Land resultierte.

Auf der Basis dieses Konzeptes entwickelte unser Volk die Idee einer spirituellen Beziehung mit dem Universum, aus der sich der Kult der vier Elemente entwickelte: *nun* (Wasser), *geb* (Erde), *shu* (Luft) und *atum,* oder vielmehr *ra,* als Verkörperung der Sonne und somit auch des Feuers. Diese Anschauung wurde von den nubischen wie den ägyptischen Völkern gleichermaßen geteilt, die während der vordynastischen Ära (d.h. 3200 v.Chr.) nicht nur ein homogenes Volk waren, sondern vor allem eine gemeinsame Kultur besaßen. Im Laufe der Zeit jedoch, und bereits Mitte des dritten Jahrtausends vor Beginn unserer Zeitrechnung, begannen sie sich in Gebräuchen und Traditionen von einander zu entfernen. Die Ägypter entwickelten die Prinzipien der sozialen Struktur des modernen Staates, während die Nubier ihren ursprünglichen Kulturformen verhaftet blieben.

Die nubische Kultur entwickelte sich über die Jahrtausende hinweg im Zuge der geographischen Ausdehnung, die nach Aussagen nubischer Gelehrter stets beide Ufer des Nils, ein Drittel des heutigen Ägyptens, ganz Sudan und Teile von Äthiopien umfaßte. Kurz gesagt war der Nil das Zentrum unserer Kultur, und der jährliche Wasseranstieg war beständige Ursache für Sorgen und Freude: Freude, da der vom Wasser mitgeführte Kalk den natürlichen Dünger für unsere Böden lieferte und das Gedeihen einer Fülle an Getreide durch einfache Agrarmethoden sichern half. Es genügte, in Harmonie mit dem Zyklus des Nils zu leben. Aber der Nil bereitete uns auch Sorge, wenn er Ufer und Häuser überflutete. Daher entwickelten wir die Tradition der Opfergaben an den Nil, wir brachten den Flußgeistern Geschenke in Form von Körben voll Nahrung, Saat und wunderschönen handgearbeiteten Gegenständen, um für gute Ernte zu bitten und die Geister der Zerstörung zu vertreiben.

Diese Kultur und Lebensweise überlebten selbst die militärischen Angriffe der Ägypter gegen unser Land, die etwa 2000 v.Chr. begannen, sowie die Annexion eines beachtlichen Teiles unseres Landes, welches das heutige Edfu und Gebiete im Norden des Sudans umfaßte.

Schließlich errangen wir die Herrschaft über Ägypten unter der 25. Dynastie, und zwischen 747 - 656 v.Chr. wachten fünf Pharaonen über das Schicksal unseres Landes. Danach folgten einige bedeutendere historische Entwicklungen, von denen jedoch keine entscheidend in das Leben unseres Volkes einzugreifen vermochte. So zwangen etwa die römischen Pharaonen in Ägypten die Nubier im 7. Jahrhundert n.Chr., den christlichen Glauben anzunehmen, doch konnten die neuen Glaubensformen unsere alte Religion und ihre Rituale nicht ersetzen, die immer noch die Wasser des Nils als Zentrum betrachteten.

Die Taufe wurde durch das direkte Eintauchen in den Nil vollzogen, ähnlich einer ersten Religionsgemeinschaft. Bräute wurden mit dem Wasser des Nils gesegnet und gereinigt. Die Toten erhielten den Segen des Flusses, indem man ihr Grab mit Nilwasser besprengte.

Danach wurden die Nubier vor 500 Jahren einem neuen Wandel unterworfen, der durch die Einführung des Islam als offizielle Religion hervorgerufen wurde. Selbst zu dieser Zeit und trotz der Veränderungen behielten die islamisierten Familien ihre traditionellen religiösen Zeremonien und Rituale, in einer überraschenden Mischung aus traditionellen, christlichen und islamischen Elementen. Das bleibende Element, das sich durch all diese Veränderungen und historischen Entwicklungen zog, war der Nil. Die wassergetränkte Erde, die sich beiderseits der Flußufer ablagerte, versorgte uns mit Nahrung und lieferte uns das Baumaterial für unsere Häuser und Dörfer in sicherer Entfernung und Höhe, falls das Wasser des Flusses besonders stark anschwellen sollte.

Die Wände unserer Häuser waren mit leuchtend bunten Gemälden verziert, die Szenen des Alltags darstellten, besonders solche der Freude und des Überflusses, wie überreiche Palmen, Hochzeiten und seit Beginn der islamischen Periode Erinnerungen an Pilgerreisen nach Mekka.

Das Leben zog sich wie ein ruhiger Fluß bis zur Schwelle des 20. Jahrhunderts, bis zu dem Augenblick, als 1902 der erste Assuan-Damm gebaut wurde, um die Schwankungen des Nilwassers zu kontrollieren und einen angemessenen Wasserspiegel für die meiste Zeit des Jahres sicherzustellen. Damals mußten die Nubier unter der ersten Zwangsumsiedlung leiden. Bevor der Damm gebaut wurde, waren die Menschen durch die Naturgewalten gezwungen, von Zeit zu Zeit weiterzuziehen, z.B. durch den Anstieg des Nils, doch nie aufgrund von Handlungen oder der Kontrolle des Menschen. Durch die Errichtung des Staudamms verloren wir ein Drittel unseres Landes.

Weitere Dammerhöhungen 1912 und 1933 führten zu einer erneuten Vertreibung und verschlangen ein weiteres Drittel unseres Landes, was eine verstärkte Abwanderung der Nubier in die größeren urbanen Zentren Ägyptens, vor allem nach Kairo, bewirkte. Wenn Nubier in der Zeit vor der Errichtung des Damms bzw. seiner Erhöhung auswanderten, so geschah dies nur für wenige Jahre, um danach in ihre Dörfer zurückzukehren und ihr früheres Leben wieder aufzunehmen. All dies änderte sich jedoch mit dem Bau des Staudammes, denn die Zahl der nubischen Migranten wuchs, die nun für längere Zeit wegblieben.

Dies führte zu einer dramatischen Veränderung der sozialen und traditionellen Strukturen. Noch heute sind sich die meisten Alten unseres Volkes einig, daß die jungen Leute, hätte es den Assuan-Damm nicht gegeben, das Dorf nie verlassen hätten, um in die Stadt zu ziehen.

Letzten Endes jedoch wurde die gravierendste Veränderung in den sechziger Jahren hervorgerufen durch die Errichtung des Assuan-Hochdamms (ein Block aus Zement und Stahl mit einem Volumen von 43 Millionen qm, dessen Baumaterial gereicht hätte, um sieben Pyramiden in der Größe der Cheops-Pyramide zu errichten) sowie des Nasser-Sees, der mit seiner Oberflächengröße von 225 qkm Afrikas größtes und eines der größten künstlichen Wasserbecken der Welt ist.

Das Projekt ließ alarmierte Stimmen in der ganzen Welt erschallen: ein gigantisches Unterfangen der modernen Technik war im Begriff, architektonische Meisterwerke und Zeugen des Ruhmes der ägyptischen Pharaonen für immer unter einem künstlichen See zu begraben. Um dies zu verhindern, wurde eine weltweite Allianz gegründet; 22 Staaten und internationale Organisationen setzten all ihr technischen Wissen und gewaltige Finanzmittel in Bewegung, um so großartige Kunstwerke wie z.B. die Abu Simbel-Tempel zu retten.

Trotz all dieser Anstrengungen kümmerte man sich wenig um das Schicksal, das nun den Nubiern bevorstand, desjenigen Volkes, auf dessen Land diese Monumente geschaffen worden waren und deren Häusern bestimmt war, für immer unter dem Wasser des Sees zu verschwinden. Es ist wahr, daß die Regierungen von Ägypten und Sudan (Damm und See betreffen auch unsere Brüder im nördlichen Nachbarland) Pläne entwarfen, um die vertriebenen Nubier (seit den sechziger Jahren waren es allein in Ägypten 50 000 und ebenso viele im Sudan) in neue Dörfer umzusiedeln, die so weit als möglich in der Art unserer traditionellen Dörfer angelegt werden sollten. Doch ebenso wahr ist, daß die Zwangsvertreibung der Nubier in Ägypten und im Sudan einen stärkeren Eingriff bedeutete als lediglich einen Wohnortswechsel: es war vor allem ein schwerer Schlag für eine Jahrtausende alte Kultur und Tradition. Abgesehen von Folgeproblemen wie der Tatsache, daß dreißig Jahre später einige Häuser und Gebiete den früher Umgesiedelten immer noch nicht übergeben wurden, wurde unser direkter Kontakt zum Nil – und hier liegt der Kern des Problems – entscheidend verändert. In den neuen Häusern kommt das Wasser heute durch Leitungen. Das neue Siedlungsgebiet unserer Vertriebenen im ägyptischen Kom Ombo, rund fünfzig Kilomter nördlich von Assuan und mehr als 200 Kilometer von unserem einstigen Territorium entfernt, heißt Neu-Nubien. Doch bietet es nicht die gleichen Lebensbedingungen, die wir früher hatten.

Einige der Häuser liegen direkt am Rand der Wüste, mindestens 10 km vom nächsten Fluß entfernt. Der Boden ist trocken und unfruchtbar. Darüber hinaus sind wir von allem fruchtbaren Kalk abgeschnitten, den die steigenden Wasser des Nils ans Ufer schwemmten. Unsere Farmer und Fischer, wie auch viele andere Nubierinnen und Nubier, mußten in die Städte gehen, um Arbeit als Bedienung, Hausmädchen und

Portier zu finden. Rekultivierungsprojekte für das Land entlang des künstlichen Sees sowie bedingte Fischfangerlaubnisse, die unseren Fischern garantiert worden waren, wurden aufgrund langwieriger bürokratischer Verfahren meist verhindert.

Gleichzeitig waren unsere neuen Häuser kleiner als die, die wir früher bewohnten. Die alten Häuser waren mehr als nur ein Wohnraum, sie waren der Mittelpunkt der Großfamilie. Diese Tradition erfüllt zwei Funktionen: den Ehemann an die Familie seiner Frau zu gewöhnen und dem Mann zu helfen, ein eigenes Haus in der Nähe zu bauen. Dies ist nicht mehr möglich, da die Häuser viel kleiner sind und daher keinen Extraplatz für ein Ehepaar bieten. Früher betrug die Wohndichte eines Hauses 0,7 Personen, heute sind es 1,6. Dies bedeutet, daß jeder von uns auf der Hälfte des früheren Raumes lebt und stirbt.

Es sei auch daran erinnert, daß sich unser Volk in Ägypten früher auf mehr als 600 Dörfer verteilte, heute sind es nur noch 43. Dasselbe Phänomen zeigte sich im Sudan, wo der künstliche See ebenfalls das Land der Nubier bedeckt, wobei sich zusätzlich das Problem stellt, daß die 50 000 Betroffenen nach Khasm el-Girba, 600 km entfernt von ihrem traditionellen Gebiet, umgesiedelt wurden.

Das den Nubiern zugesprochene Land in den neuen Siedlungen weist qualitative Mängel auf, es ist oft unzureichend und weit vom Wohngebiet entfernt. Doch damit nicht genug. Man zwang uns sogar, neue Formen der Landwirtschaft zu übernehmen, wie etwa den Zuckerrohranbau, der nach Angaben der Regierung 40% des uns zugewiesenen Landes bedecken sollte. Des weiteren enthält das uns zur Bodenbewässerung zugeteilte Wasser nicht mehr den vom Nil mitgetragenen Kalk, was bedeutet, daß wir nun künstlichen Dünger verwenden müssen, mit dem wir uns nicht auskennen. Dies ist weder für den Boden noch das Getreide, noch die Gesundheit der Menschen gut, die oft nicht wissen, wie der Dünger angewendet werden soll. Andererseits gab es aufgrund des Mangels an Ackerland in den neuen Siedlungen und der Veränderungen der traditionellen Überlebensquellen eine starke Abwanderung der Männer, die sich an die neuen Gewohnheiten und Lebensformen in den Städten, viele davon westlichen Zuschnitts, anpaßten und Nicht-Nubierinnen heirateten. Dies trug zur weiteren Auflösung unserer Kernfamilien bei – einer der Säulen unserer Kultur, in der das ganze Dorf eine Familie bildete.

Die Älteren erzählen uns, wie nun die neue Situation Gewohnheiten entwickelte, die es früher nicht gab. In den alten Zeiten wurde zwischen den Familien und den Dörfern Tauschhandel betrieben, so auch für Nahrungsmittel. Für Zahlungen wurden bestimmte Fristen eingeräumt. Heute wird alles gekauft und verkauft. Unsere Väter und Großväter aßen, was sie vom Land ernteten. Heute muß man in Läden gehen, um verschiedene Lebensmittel zu kaufen, die dann bar bezahlt werden müssen.

Inzwischen hat die weltweite Kampagne zur Rettung der Monumente auf nubischem Land zu einem Massentourismus geführt, der im Gegenzug unsere jungen Leute verlockte oder zwang, auf Kosten von Landwirtschaft und Fischerei in den Dienstleistungsbereich zu wechseln. Der Kontakt mit den Fremden führte auch zur Überdeckung unser Tradition durch die westlichen Sitten. Ein Beispiel eines solchen Wandels, so trivial es scheinen mag, führt deutlich vor Augen, wie stark jedoch der Einfluß ist: Im Zuge von Hochzeitszeremonien kam das ganze Dorf zusammen, um den neuen Partner mit Tänzen und Gesängen, die die Geschichte unserer Vorfahren erzählen, willkommen zu heißen. Da die Dorfbewohner selbst die Protagonisten dieser Festlichkeiten waren, half dies, das Band zwischen ihnen und der Kernfamilie zu festigen. Heute feiert man diese Feste zunehmend zum Klang elektronischer Musik, die unpersönlich und meist fremd ist. Die Anwesenheit von Freunden und Verwandten verkam mittlerweile zum fast bloßen Ritual.

Selbst wenn die durch den Staudammbau und den künstlichen See hervorgerufenen Umweltschäden noch nicht quantifiziert sind, glauben unsere Alten, daß die Dürre, die die Nilregion während der letzten neun Jahre befallen hat, direkt auf den Damm zurückzuführen ist, der die Fließkraft und das Leben des Stroms veränderte. In diesem Sinne ist wahr, was einige Experten sagen: daß der Nil mit der Konstruktion des

Damms bei Assuan endet. Von hier bis zu seiner Mündung im Mittelmeer wurde der Nil in der Tat in einen Kanal verwandelt.

All dies ist keine Frage von bloßer Nostalgie. Eines der schwerwiegendsten Probleme ist der Verlust des Kalks, der unser Land auf natürliche Weise düngte. Nun ist dies mit dem Damm blockiert. Was wir jetzt noch bekommen, ist Wasser, kein natürliches Geschenk. Doch der Kalk war nützlich, nicht nur als Dünger für den Boden. Viele Nubier arbeiteten in den fast 7000 kleinen Betrieben, die aus dem Kalk Baumaterial herstellten. Nun sind sie arbeitslos, obwohl man ihnen vor 20 Jahren versprochen hatte, eine neue Fabrik zu bauen. Dieser Verlust schuf weitere Probleme, z.B. in der Sardinenfischerei, da die einst im Übermaß vorhandenen Sardinen sich ebenfalls von Kalk ernährten.

Es ist wahr, daß im Laufe der Zeit die Fischproduktion durch den Nasser-See wuchs, doch ist es nicht weniger wahr, daß unsere frühere Ernährung nicht mehr in gleicher Weise verfügbar ist und daß die Menschen, die vom Sardinenfang lebten, oder kleine Familienunternehmen einen größeren wirtschaftlichen und sozialen Rückschlag erlitten.

Ein weiteres Problem, das durch den Kalkverlust entstand, ist die schwere Zerstörung der Nilufer und selbst der Küstenlinie im Norden. Bedeutete der Anstieg des Flußniveaus früher die Überflutung des Landes, hinterließ er gleichzeitig Kalkrückstände. Es gab eine natürliche Balance. Dies ist nicht länger der Fall. Nun leidet die Erde unter Erosion, nicht nur entlang der Nilufer. Das Delta im Norden Ägyptens ist nun durch das Verschwinden des Kalks, der eine Art Barriere bildete und eine natürliche Düngerquelle stellte, stärker dem Wasser des Mittelmeers ausgesetzt.

Das Problem endet nicht hier, denn mit der gewaltigen Wassermenge, die sich im Becken staut, sowie aufgrund fehlender Drainage ist der Grundwasserspiegel in bedrohlicher Weise gestiegen. Technische Experten stimmen zu, daß der Grundwasserspiegel von einer durchschnittlichen Tiefe von 15 Meter auf lediglich 3 Meter gestiegen ist. Man schätzt, daß in Kairo der Grundwasserspiegel sogar an manchen Stellen nur einen Meter unter der Oberfläche liegt. Denkmäler sind direkt betroffen, da das Grundwasser ihre Fundamente erreicht hat. Man denke nur an den Tempel von Karnak in Luxor, wo die Fundamente neuerdings von Feuchtigkeit angegriffen werden. Das Innere des Tempels von Nefertiti ist durch den Damm stärker betroffen als sein Äußeres. Und die Sphinx läuft Gefahr das gleiche Schicksal zu erleiden. Dies sind nur einige Beispiele.

Ein weiteres ernsthaftes Problem besteht in der Verdunstung des Flußwassers, denn eine riesige Wasseroberfläche ist nun den Strahlen der Sonne ausgesetzt. Experten schätzten, daß 50% des aufgestauten Wassers verdunstet. Und in der Tat hat sich das Klima verändert, auch wenn ein Teil des verdunsteten Wassers durch schwere Niederschläge ersetzt werden kann.

Dies bedeutet nicht, daß der Damm und der Stausee nicht auch Vorteile gebracht hätten oder, daß es keine Versuche gegeben hätte, die entstandenen Probleme zu lösen. Erst recht nicht, daß unser Volk gegen eine Entwicklung Ägyptens wäre, eines Landes, mit dem wir uns während eines Großteils unserer Geschichte identifizierten. Doch der Preis, den wir bis auf den heutigen Tag zahlten, ist zu hoch. Neben allem anderen haben wir unsere Identität verloren, die Identität eines Volkes, das viel zur Geschichte unseres Landes beitrug.

Trotzdem unternehmen wir Nubier alles, was wir können, um unsere Traditionen zu bewahren. Unglücklicherweise müssen wir uns dazu moderner Strukturen bedienen. Um die Gemeinschaft der geschätzten eine Million Nubier in Ägypten (eine weitere Million lebt im Sudan) zu erhalten, wurden 43 Organisationen gegründet, deren Zentralen in den Hauptstädten der Regionen, in die die Nubier abwanderten (Kairo, Alexandria, Ismailia etc.), liegen und die im General Club of Nubien mit Sitz in Kairo zusammengeschlossen sind. Diese Vereinigungen sind Treffpunkte der Nubier, wo sie immer häufiger ihre Hochzeiten feiern, wenn sie das im Dorf nicht können, wo Totenwachen abgehalten werden und man Sammlungen für die Bedürftigen veranstaltet, Neuigkeiten austauscht, singt und Folkloreabende organisiert. Die Menschen können sich in ihrem eigenen Dialekt verständigen, was von äußerster Bedeutung für die Erhaltung der nubischen

Sprachen ist, die zwar nicht mehr geschrieben, aber noch gesprochen werden.

Wir bemühen uns, einige Traditionen unserer Vorfahren wiederzubeleben, selbst wenn wir weit vom Land unserer Vorfahren entfernt sind – Land, das nun unwiederbringlich unter dem Wasser verschwunden ist – und weit weg von unseren Familien, die auseinandergerissen wurden.

Selbst wenn die Nubier weder Abspaltung oder Unabhängigkeit von Ägypten oder dem Sudan, wo sie leben und arbeiten, anstreben, leben sie in einer Art Exil.

Unser Volk, das eine blühende Kultur entwickelte, hat Ägypten viel gegeben. Doch Menschen, die einst überreiche Ernte kannten und als Fischer arbeiteten, müssen sich nun als Kellner in den Großstädten verdingen. Dies ist der Preis, den unser Volk für eine moderne Technologie zahlen mußte, die versuchte, den Nil zu domestizieren und Energie zu produzieren, damit das Fernsehen uns heute fremde, nicht enden wollende Seifenopern und Spielshows zeigen kann.

Hinter dem letzten Waldrand

von Pekka Aikio

(Sami/Finnland)

Pekka Aikio, ein Angehöriger des Sami-Volkes, leitet ein Forschungsprogramm zu eingeborenen Völkern und Rentierzucht am Forschungsinstitut von Nord-Finnland an der Universität von Oulu. Pekka Aikio, seit 20 Jahren Sami-Politiker, ist zur Zeit Vizepräsident des finnischen Sami-Parlaments und Vorsitzender des Nordischen Sami-Instituts.

Die radioaktive Fallout-Wolke, die über Skandinavien im Gefolge der nuklearen Tschernobyl-Katastrophe von 1986 hinzog, war das jüngste der Ereignisse, die fortwährend die natürliche Umwelt der Rentierzüchter in Sapmi (Lappland), der Heimat der Sami, zerstörten.

Kahlschläge, Stauseen, Massentourismus und mittlerweile extrem hohe Luftverschmutzungswerte versetzen den Sami harte Schläge, einem eingeborenen Volk, das wie die nordamerikanischen Indianer und die Inuit (Eskimo) gelernt hatte, sich an die harten Umweltbedingungen des Polarkreises anzupassen.

In den nördlichen arktischen und subarktischen Regionen war die Anpassung menschlichen Verhaltens an die Kargheit der Natur immer eine Herausforderung, da es nur wenige praktikable alternative Überlebensmöglichkeiten gibt.

Doch den eingeborenen Völkern, welche die Gebiete um den Pol bewohnen, gelang es immer, sich an das sie umgebende Ökosystem anzupassen, und ihr heute ernsthaft bedrohter Erfolg in der Kunst des Überlebens könnte ein Hinweis für Biologen sein, wie auch in Zukunft die Randbereiche der Erde von Menschen bewohnt bleiben können.

Die traditionelle Kultur der Sami gründete sich auf ihre Selbstversorgungswirtschaft, eine Wirtschaftsweise, die beinahe völlig von Mensch und Umwelt autark war, weil sie auf Fischerei, Jagd und Rentierzucht beruhte. Eingepaßt in das sie umgebende Ökosystem, nutzten sie die natürlichen Ressourcen auf ökologisch nachhaltige Weise. Das langfristige Ziel war immer das Wohlergehen, große Landstriche wurden daher nur schonend und stückchenweise genutzt.

Die heutigen Sami wissen, daß ihre Umwelt so empfindlich ist, daß es für Jahrhunderte unmöglich sein wird, die bereits angerichteten Schäden zu beheben, falls dies überhaupt gelingen kann. Sie sagen, daß die sie umgebende Gesellschaft durch die Kolonisierung ihre Umwelt und ihre ökonomischen Aktivitäten beeinflußte und ihnen Schritt für Schritt ihr Land und das Wasser wegnahm.

Für die Sami ist der Mensch ein Teil des Ökosystems, der sich in seinen unterschiedlichen kulturellen Erscheinungsformen an das ökologische Gleichgewicht angepaßt hat –

zwischen dem, was die Natur geben kann, und dem, was der Mensch im Verhältnis zur produktiven Kapazität nehmen darf.

Wie ihre eingeborenen Brüder und Schwestern sagen auch die Sami: »Die Sonne ist unser Vater, die Erde ist unsere Mutter.« Kulturelle Überlieferungen lehren die Sami, wie die Natur genutzt werden kann, ohne sie zu verbrauchen. Die Kultur der Sami ist lebendig. Sie versetzt Menschen in die Lage, sich unterschiedlichen natürlichen Bedingungen anzupassen und sich neues Wissen anzueignen, das ihnen das Überleben sichern wird.

Das soziale Umfeld, die Beziehungen zwischen Einzelpersonen einer Gruppe oder im privaten Bereich, kann sich leicht auf die Veränderungen sowohl in der natürlichen Umwelt als auch hinsichtlich verschiedener kultureller Elemente einstellen. Es wird immer von unseren Einstellungen gegenüber der Natur bestimmt.

Unsere traditionellen Formen wirtschaftlicher Aktivitäten beruhten immer auf einem ganzheitlichen Blick auf die Welt, mit der Wirtschaft auf einer selbstregulierenden Grundlage. Wenn die Nutzung einer Ressource zu einer bestimmten Zeit unmöglich wird, findet sich eine Alternative, bis sich die ursprüngliche Ressource erholt hat. Diese Selbststeuerung ist in unsere Wirtschaftsweise durch die Verbindung traditioneller und moderner Wirtschaftsformen integriert.

Die Arktis ist eine äußerst dünn besiedelte Region, obwohl man sagen könnte, daß sie die am dichtesten bewohnte Wildnis der Welt ist, mit nur wenigen Millionen Menschen, die jedoch mehr als siebzig eingeborene Völker rund um den Pol einschließen. Die Sami bilden eine relativ einheitliche, geschlossene Gruppe. Das Volk der Sami bewohnt gegenwärtig Gemeinden in Finnland, Norwegen, Schweden und der ehemaligen Sowjetunion. Das von den Sami beanspruchte Gebiet umschließt eine sichelförmige Zone, die sich vom östlichen Rand der Kola-Halbinsel in der ehemaligen Sowjetunion über den nördlichen Rand des skandinavischen Schildes bis Dalarna in Schweden und Roeros in Norwegen erstreckt. Die Sami stellen die älteste bekannte Bevölkerung des Gebiets dar, das sie schon in prähistorischer Zeit bewohnten.

Jahrhundertelang schafften es die Sami, an den Rändern des polaren Ökosystems zu leben, einem Gebiet jenseits der letzten Baumreihe, wo die Ackerlandwirtschaft wegen der harten natürlichen Bedingungen keine Lebensgrundlage zu bieten vermag.

Das arktische Klima ist rauh, und obwohl die Pflanzendecke erstaunlich vielfältig ist – überwiegend besteht sie aus Flechten, Moosen und Kräutern –, ist die Tierwelt relativ arm. Typische Landtiere sind der Moschusochse, der Eisbär, wilde Rentiere, Polarfuchs, Vielfraß, Lemming und das Hermelin. Eine große Zahl an Arten vermag in den Gewässern der Arktis zu leben. Zum Teil ist dies auf die reichhaltigen Bestände an Plankton sowie auf das Wanderungsverhalten vieler Fischarten zurückzuführen, die nur zum Teil auf die Nahrungsquellen der arktischen Region angewiesen sind. Die wichtigsten Arten sind zur Zeit Wale und Robben, Walrosse, Kabeljau und verschiedene Lachsarten.

Es ist klar, daß die vergleichsweise begrenzten Pflanzen- und Tierbestände nur eine extrem dünne menschliche Besiedlung zulassen. Im Gegensatz dazu hat die moderne technisch orientierte Zivilisation, die sich in der letzten Zeit auf die Region ausgedehnt hat, zu einem drastischen Anstieg der Bevölkerung und zu einer Zunahme der Siedlungszentren geführt. Die nomadisierenden Völker waren von der Jagd, der Fischerei und der Rentierzucht abhängig. Die Größe ihrer Gruppen wurde von den organisatorischen Bedingungen dieser Vorgänge bestimmt. Über die Jahrhunderte führten die jahreszeitlichen Schwankungen der ökologischen Bedingungen und die Schwankungen in der Verfügbarkeit natürlicher Vorräte zur Entstehung kraftvoller sozialer Organisationsformen. Die Dauer des arktischen Winters macht die Viehzucht schwierig, Getreide wächst überhaupt nicht. Das Gebiet, welches von den Sami in Finnland und im übrigen Skandinavien beansprucht wurde, ist im Vergleich mit dem von den nordamerikanischen Indianern und Inuit bewohnten Gebiet äusserst klein. Während jene ihre Jägerkultur in ihren angestammten Gebieten bis in die heutige Zeit ungestört fortsetzen konnten, mußten die Sami die begrenzten Ausdehnungsmöglichkeiten ihrer natürlichen Lebensweise recht früh erfahren. Ein Ergebnis davon war, daß sie sich den Außenbedingungen anpaßten, indem sie eine Kultur auf der Grundlage der Rentierzucht schufen, die es ihnen ermöglichte, eine bestimmte Form der Herdenhaltung ohne die Notwendigkeit der Stallfütterung auszuüben. Auf diese Weise wurde die Intensität der Bewirtschaftung erhöht, ohne daß dabei ein ökologischer Schaden entstand.

Die gleichberechtigte und sich ergänzende Beziehung zwischen Mensch und Rentier war die Grundlage einer völlig neuen Art der sozialen und wirtschaftlichen Organisation, einer der größten Erfolge der Polarvölker, was die Stabilisierung ihrer Lebensgrundlagen anbelangt. Bis zur Einführung mechanisierter Zuchtmethoden funktionierte diese wirtschaftliche Unternehmung bei – gemessen am Ergebnis – einem Minimum an Rohstoffeinsatz.

Von den weltweit insgesamt 4,5 Millionen Rentieren sind drei Millionen domestiziert. Davon befinden sich 77% in Rußland und 21% in Finnland, Schweden und Norwegen. Obwohl es nur wenige Quellen über Rentierzucht in früherer Zeit gibt, existieren einige Beweise für die Rentierzucht als eine der ältesten Formen menschlichen Wirtschaftens in der nördlichen Polarregion. In den frühen siebziger Jahren wurde im südwestlichen Teil von Finnisch-Lappland, in der Nähe der Stadt Tornio, ein Rentiergeweihstück gefunden, das auf ein Alter von 34 000 Jahren datiert wurde. Es gibt auch viele Felszeichnungen, die darauf hinweisen, darunter die berühmten Bilder von Alta im nördlichen Norwegen, die mehr als 5000 Jahre alt sind und ein vierblättriges Kleeblatt mit Zeichnungen von Rentier, Elch, Menschen und vielleicht Booten oder Schlitten zeigen.

Die Sami zähmten die wilden Bergrentiere, nicht um sie zu maschinenähnlichen Haus- oder Nutztieren zu machen. Der Prozeß beruhte auf biologischer Gegenseitigkeit, indem die Menschen Rentiere als Nahrung, für Kleidungszwecke, als Transportmittel und anderem gebrauchten, ohne die Funktionstüchtigkeit des Ökosystems zu gefährden. Die Rentiere erhielten vom Menschen im Gegenzug Hilfe bei der Anpassung an neue ökologische Bedingungen, vor allem an die Raubtiere der Wälder, die fortwährende Nutzung von wechselnden Weidegründen in Gebieten, die nur eine schmale Basisproduktion aufweisen, und im Hinblick auf viele physische Faktoren des Jahreszeitenwechsels.

Auf diesem Hintergrund wurden in diesem Jahrhundert etwa sechzig Rentierzüchterverbände gegründet, einer von ihnen, der Lapin Paliskunta, wird von den Sami in Finnisch-Lappland getragen. In den letzten 30 Jahren haben jedoch große technische und wirtschaftliche Veränderungen die Rentierzucht beeinflußt, die sie von einer Wirtschaftsweise, die eng mit dem Ökosystem, in dem sie stattfand, verbunden war, in etwas verwandelten, das sich von diesem Ökosystem gelöst hat. Begleitet wurde dies von einem rasanten und komplizierten sozialen Wandel, der in den Sami-Gemeinden Einzug hielt. Der wirtschaftliche Ausbau des finnischen Staates führte zum Ausbau der Stauseen von Lokka und Porttipahta in den sechziger Jahren. Dem ging in den fünfziger Jahren das Abholzen der Wälder in den Becken voraus. In manchen Fällen reichte die kahlgeschlagene Fläche über die Uferlinie der Staubecken hinaus. Die Wälder wurden weithin außerhalb des Stauseegebiets abgeholzt und die Laubbäume durch den Einsatz von Entlaubungsgiften vom Flugzeug aus vernichtet.

Heute sind die Rentierweidegebiete qualitativ sehr unterschiedlich. Durch den Verlust von Land wurde lebenswichtiges Winterweideland vernichtet. Dies führte zu verstärktem Druck auf andere Weidegründe. Das Ergebnis war ein Chaos.

Die kahlgeschlagenen und untergepflügten Winterfütterungsgebiete mit vielen Flechten wurden zu mageren Spätsommerweiden. Die Baumflechtenwälder, die gewöhnlich als Fütterungsgebiete für die Rentiere in Zeiten verharschter Schneebedeckung genutzt wurden, sind verschwunden. In Kahlschlaggebieten sind die Schneebedingungen anders als in geschützten Waldlagen, und das Scharren nach Futter wird sehr viel schwerer. Mehr als alles andere haben die Weideprobleme die Winterfütterung der Rentiere erschwert.

Die Winterweidegründe schwanden, und so konnten die Rentierzüchterverbände den Tieren keinen gesunden jährlichen Rhythmus mehr bieten. Als dieser Rhythmus zerbrach, löste sich auch die ausgewogene Beziehung zwischen Menschen und Rentieren auf. Der Hauptunterschied in der Mensch-

Rentier-Beziehung heute besteht im Übergang von einer auf Gleichberechtigung basierenden zu einer vom Menschen dominierten Beziehung. Vor diesem Wandel war die Rentierzucht das prägende Element der Lebensweise der Sami. Nach dem Wandel wurde die Rentierwirtschaft zu einer Beschäftigung. Die Veränderung ist bemerkenswert im Hinblick auf das Sami-Ökosystem. Die Arbeiten wurden mechanisiert, und die Rentierhaltung sah sich allen möglichen Arten von Umweltzerstörung gegenüber, die beinahe zum Ende der natürlichen Rentierzüchterkultur geführt hätten.

In den achtziger Jahren wurde ein riesiger Nationalpark im Ostteil des Gebiets eingerichtet. Im Prinzip hätte er einen größeren Schutz für die dort ansässige traditionelle Rentierhaltung bieten können. Tatsächlich wurde der Park zum Eldorado für Wanderer, die das empfindliche subarktische Ökosystem zerstören, weil sie den natürlichen Rhythmus der Rentiere beeinträchtigen und deren Weideplätze niedertrampeln. Die Schaffung von Umweltschutzzonen in der Region der Sami enthält auch einige kolonialistische Züge. Aus der Perspektive einer aufstrebenden Autonomie der Sami und anderer eingeborener Nationen wird hier der Streit in den gesetzgebenden Versammlungen vorprogrammiert.

In Finnland können wegen des gegenwärtig gültigen Naturschutzgesetzes Naturreservate nur in jenen Gebieten eingerichtet werden, die dem Staat gehören. Wir wissen, daß es nachweislich keine Ländereien im Staatsbesitz in den Gebieten ehemals samischer Orte gibt. Trotzdem sind mehr als 50% des Landes Sapmi in Finnland entweder Naturschutz- oder Wildnisgebiete, beide ähnlichem rechtlichen Status. Falls die gegenwärtigen Gesetze Staatseigentum als Voraussetzung für die Einrichtung von Naturschutzgebieten ansehen oder darauf abzielen, sie zu staatlichen Ländereien zu erklären, befinden sich die Sami in einer sehr schwierigen und widersprüchlichen Situation. Um den Naturschutz als Bedingung für das Leben der Sami voranzutreiben, könnte dies bedeuten, daß die Bemühungen des Staates auf ein Anrecht auf die früheren Gebiete der Samidörfer zu unterstützen wären. Falls die Sami jedoch ihre Stimme und ihre politische Macht in diesen Gebieten behalten wollen und sich daher gegen die

Einrichtung von Naturschutzgebieten wenden, könnte dies bedeuten, der wirtschaftlichen Expansion und der Ausbeutung der Hochebenen, Gewässer und Urwälder freie Bahn zu lassen.

Die Tschernobyl-Katastrophe veränderte die Einstellung der Sami zu Umweltthemen. Seither sind die Sami gezwungen, die Möglichkeit einer Ökokatastrophe auch im unberührten Lappland zu erwägen, wenngleich die tatsächlichen Auswirkungen des nuklearen Fallout in den sechziger Jahren nach den sowjetischen Atombombentests auf Novaja Semlja wesentlich schlimmer waren.

Ein Sami-Umweltschutzprogramm wurde gemeinsam im Nordischen Sami-Rat ausgearbeitet und im August 1986 von der Nordischen Sami-Konferenz im schwedischen Are verabschiedet. Das Programm erklärt unter anderem, daß das Volk der Sami das unveräußerliche Recht besitzt, »unsere Lebensgrundlagen und unsere Gemeinschaften unseren gemeinsamen Anschauungen folgend zu behüten; gemeinsam werden wir unser Land, seine Gewässer, seine Rohstoffquellen und unser nationales Erbe für künftige Generationen bewahren.« Das Programm fordert die formale Absicherung der Sami-Rechte auf ihr Land und seine natürlichen Rohstoffe ein. Es stellt einen erweiterten Begriff von »Umwelt« vor, der soziale und physische Faktoren einbezieht, wobei sich die letzteren noch unterscheiden in solche, die natürliche und kulturelle Belange berühren.

Heute, in den neunziger Jahren, haben die Sami gemeinsam mit anderen eingeborenen arktischen Völkern und Regierungen begonnen, die arktische Umwelt zu schützen, die Verschmutzung zu bekämpfen und die überlebenswichtigen Rechte der eingeborenen Völker in der Arktis zu bewahren, zum Wohle der arktischen Umwelt, einem verletzlichen und unverzichtbaren Teil unserer gemeinsamen »Mutter Erde«.

Die Big Mountain Aktionsgruppe e.V. ist eine Organisation zur Unterstützung indianischer Völker Nordamerikas, die noch immer auf die Anerkennung als souveräne Nationen warten. Das gemeinsame Anliegen, die natürlichen Ressourcen zu wahren und die Umwelt zu schützen, verbindet Menschen weltweit. Angesichts der Herausforderungen in bezug auf die Menschenrechte und Naturschutz ist diese Kooperation zwischen Indianern und Europäern notwendig. Von indianischen Organisationen ausdrücklich beauftragt, in ihrem Sinn tätig zu sein, bemüht sich die BMAG um den Dialog zwischen Betroffenen und Institutionen, Firmen und Behörden, die entscheidend das Leben der Indianer beeinflussen.

Die aktuellen Lebensbedingungen nordamerikanischer Indianer ähneln denen in der "Dritten Welt", wodurch sie leicht zum Spielball der Konzerne werden, gegen die sie sich nur schwer wehren können. Deswegen ist die gezielte Unterstützung indianischer Projekte von großer Bedeutung.

Mitarbeiter der BMAG recherchieren im In- und Ausland auf eigene Kosten und nehmen an Aktionen vor Ort teil, wie z.B. Demonstrationen gegen die Nevada Test Site auf dem Land der Western Shoshone oder der Blockade der Lubicon in Kanada 1988. Die BMAG informiert die Öffentlichkeit über die Lage der indianischen Nationen durch Vorträge, Veranstaltungen mit indianischen Delegierten sowie durch die Zeitung "Coyote". Die BMAG organisiert und unterstützt solche Aktionen jedoch nicht nur, um die Öffentlichkeit zu informieren, sondern auch, um politischen Druck auf die Verantwortlichen auszuüben. Um das gemeinsame Anliegen und die Zusammenarbeit zwischen Indianern und Unterstützern zu fördern, organisierte die BMAG 1990 die jährliche Konferenz der europäischen Unterstützungsgruppen für nordamerikanische Indianer.

Politik und Kultur sind den Anforderungen entsprechend nicht trennbar, und so arbeiten wir an Ausstellungen und anderen Veranstaltungen mit, die das Verständnis für die zahlreichen verschiedenen Kulturen nord-amerikanischer Indianer fördern, z.B. durch die Veröffentlichung des Buches "Go Beyond" mit Texten des Lakota-Dichters Tom LaBlanc.

Die internationale Zusammenarbeit ist eine wichtige Voraussetzung für diese Arbeit, weshalb Mitglieder der BMAG in entsprechenden Gremien der UNO vertreten sind, um dort die indianischen Interessen zu fördern und zu unterstützen. Ziel dabei ist es, zu erreichen, daß die internationale Staatengemeinschaft endlich die Rechte dieser Völker anerkennt.

Umverteilen! - Stiftung für eine, solidarische Welt

Der Verkauf von Geschäftsanteilen eines Pharma-Unternehmens im Jahr 1986 überschwemmte einen linken Kreuzberger Erben mit so vielen Millionen Mark, daß er beschloß, dieses Geld nicht behalten zu wollen. Zusammen mit Personen seines Vertrauens wurde ein Diskussionsprozeß eingeleitet, um das Geld sinnvoll zu verwenden. Die Idee entstand, es zins- und damit ertragbringend anzulegen, um damit kontinuierlich an der Veränderung von Strukturen arbeiten zu können, die Armut, Ausbeutung, Diskriminierung und Unterdrückung bedeuten. So wurde eine gemeinnützige Stiftung errichtet und vom Stifter mit einem Vermögen von 30 Millionen DM ausgestattet, bestehend aus Barvermögen und zwei Immobilien. Mit den Mitteln der Stiftung werden Projekte mit dem Schwerpunkt Entwicklungshilfe gefördert. Um die Förderetats möglichst umfangreich halten zu können, wird der Verwaltungsaufwand minimiert. Die Arbeit in den Stiftungsgremien ist daher ehrenamtlich, und für die Verwaltung besteht ein kleines Büro mit zwei hauptamtlichen Angestellten. In Steuer-, Rechts- und Anlagefragen werden bei Bedarf externe SpezialistInnen hinzugezogen.

Die Projektarbeit innerhalb der Stiftung wird von Arbeitsgruppen getragen, die sich im Rahmen der Satzung eigene Förderkriterien und Arbeitsgrundsätze erstellen und dabei inhaltliche und geographische Schwerpunkte setzen. Diese Arbeitsgruppen verfügen über einen Jahresetat, über den sie im Sinne des Stiftungszwecks autonom bestimmen können. Zur Zeit existieren Arbeitsgruppen zu den Bereichen "Lateinamerika", "Asien", "Afrika", "Frauen", "Erfahren - Internationaler Jugendaustausch" und "dritte welt - Hier!". Organe der Stiftung sind Stiftungsrat und Vorstand.

Arbeitsgruppe "dritte welt - Hier!"

Die Arbeitsgruppe "dritte welt - Hier!" wurde 1986 gebildet. Arbeit und Ziele der Arbeitsgruppe sind in der Zeit seit ihrer Gründung ständig diskutiert und weiterentwickelt worden, was letztlich einen neuen Namen und damit auch geänderte Schwerpunkte der Arbeit zur Folge hatte. Stand ursprünglich der Charakter des Lückenbüßers im Mittelpunkt, der schnell und unbürokratisch da einspringt, wo andere Arbeitsgruppen nicht greifen ("Feuerwehrfonds"), so zeigte sich schnell, daß dieses Konzept in der Praxis weder sinnvoll noch durchzuhalten war.

Deswegen nennen wir uns seit 1987 ***Arbeitsgruppe*** '***dritte welt - Hier!***'. Damit ist auch die Zielsetzung unserer Arbeit etwas klarer definiert: Kurz gesagt unterstützten wir Projekte, die in Mitteleuropa, vorwiegend natürlich in der Bundesrepublik, Öffentlichkeitsarbeit leisten, um

- auf Armut, Elend und Unterdrückung in den Ländern Afrikas, Lateinamerikas, Asiens und des pazifischen Raumes hinzuweisen;
- die Beteiligung der BRD und der anderen reichen Industrieländer an dieser Situation zu verdeutlichen;
- ein Forum zu sein für ethnische Minderheiten in der sogenannten Dritten Welt, für die Opfer von Vertreibung und Raubbau an der Natur;
- den hier lebenden Menschen aus den 'armen' Ländern den Zugang zu Informationen über ihr Heimatland, ihr Leben hier und – wenn sie wollen – die Rückkehr in ihr Heimatland zu erleichtern;
- ausländerfeindliche und rassistische Tendenzen im In- und Ausland zu bekämpfen.

Die AG "dritte welt - Hier!" ist Mitherausgeberin dieses Bandes und hat durch ihren Beitrag sein Erscheinen ermöglicht. Andere Beispiele der Unterstützung von "Dritte Welt"-Gruppen durch die AG "dritte welt - Hier!" seien kurz angeführt:

* Der ***Verein für medizinisch-technische Hilfe (VMTH)*** verfolgt den Zweck, Krankenhäusern in der "Dritten Welt" mit gebrauchtem, von hiesigen Krankenhäusern zur Entsorgung freigegebenen, aber nutzbaren und aufgearbeiteten medizinischen Gerät zu helfen. In vier Jahren konnte sich der Wert der eingeworbenen Sachspenden von 850'000 DM (1988) auf 12'500'000 DM (1991) erhöhen. Inzwischen werden nach gründlicher Analyse vor Ort mit den Projektpartnern eigene Projekte aufgebaut, z.B. das in Hasköy (Kurdistan/ Türkei) neugegründete Krankenhaus. Der Verein arbeitet mit ca. 15 ausschließlich ehrenamtlich tätigen Mitarbeitern. Zur Einwerbung weiterer Sachspenden startete der VMTH eine Dauerannonce über 12 Monate in der "Krankenhausumschau", die über Eigenmittel und den Beitrag der AG "dritte welt - Hier!" finanziert wird.

* Das ***Seminar für transkulturelle Psychiatrie*** ist ein Projekt, das von einem am Fachbereich Medizin der Universität Hamburg (UKE) für diesen Zweck angestellten Hochschulassistenten und zahlreichen ehrenamtlichen und Honorarmitarbeitern durchgeführt wird. Vom Projektträger wurde zum sechsten Mal das Symposium "Kultur und psychosoziale Situation in Lateinamerika" durchgeführt. Durch die bisherigen Symposien ist in Hamburg ein Forum entstanden, auf

dem die Teilnehmer aus Europa und Lateinamerika Gelegenheit erhalten, sich mit verschiedenen psychosozialen und Versorgungs- und Forschungsprojekten in Lateinamerika zu befassen. An dem Symposium des Jahres 1992 nahmen über 80 ExpertInnen und Betroffene aus Europa und Lateinamerika teil, die in 8 Themenschwerpunkten arbeiteten (darunter 'Menschenrechte und psychosoziale Gesundheit', 'Die Identitätsfrage' sowie 'Die Lage der Frau: Konfliktfelder und Bewältigungsstrategien'). Wesentliches Merkmal der Symposien ist es, die weitverbreitete Kommunikationsrichtung (von Europa aus in die Länder des Südens) nicht anzuwenden, sondern ein Forum zu schaffen, in dem lateinamerikanische ProjektmitarbeiterInnen und WissenschaftlerInnen ihre unterschiedlichen Arbeiten und methodischen Herangehensweisen dem deutschen Publikum vorstellen können. Die AG "dritte welt - Hier!" hat das 6. Symposium durch die Finanzierung der Simultanübersetzungen gefördert, ein kleiner Anteil an der ansonsten gesicherten Gesamtfinanzierung.

Acht bis elf ehrenamtliche MitarbeiterInnen hat die Arbeitsgruppe "dritte welt - Hier!", die Erfahrungen als ehemalige EntwicklungshelferInnen, langjährige SolidaritätsarbeiterInnen oder in "Entwicklungs"organisationen hauptberuflich Tätige in die Arbeit einbringen. Die AG tagt im Abstand von drei bis fünf Wochen; wir bemühen uns, über Anträge von 199,40 DM mit derselben Sorgfalt zu diskutieren wie über solche von 7.000 DM und mehr. Pro Jahr erhalten wir über 150 Anträge von Gruppen aus dem In- und Ausland.

Weitere Informationen:
Umverteilen! - Stiftung für eine, solidarische Welt
Arbeitsgruppe "dritte welt - Hier!"
Mehringdamm 50
D-10961 Berlin
Tel. (030) 785 9844
Fax (030) 786 5244.